lonely planet

Le BEST OF du VOYAGE 2025

Les dernières tendances, les meilleures destinations, les conseils pour voyager responsable

Sommaire

1 © Ignacio Moya Coronado/Shutterstock 2 © francesco ricca iacomino/Getty Images

1 Isolées et ourlées de récifs, les îles Yasawa, Fidji
2 Manarola, merveille des Cinque Terre, Ligurie, Italie
3 Panorama depuis le Zugspitze, Alpes bavaroises, Allemagne 4 Choisissez bien votre destination pour avoir la chance d'observer le majestueux grand-duc

INTRODUCTION

par Tom Hall

Chez Lonely Planet, nous aimons voyager autant que vous. Et s'il est une chose aussi agréable que le départ, c'est tout ce qui le précède – le choix de la destination, les préférences, les priorités, la préparation des bagages. En vérité, tout commence avec une simple question : où ?

1

© instacruising/Shutterstock

Le livre que vous tenez entre les mains va peut-être vous apporter la réponse. 2025 pourrait être l'année où vous découvrirez les volcans, les forêts tropicales et les plages du Cameroun, notre pays numéro un. Ou la vie culturelle stimulante de Toulouse, la plus rose des cités françaises, première au palmarès des villes. Ou encore l'histoire, la nature et le littoral de Caroline du Sud et de Géorgie, aux États-Unis, en tête des régions.

Mais ce n'est que le début. Nous espérons que *Le Best of du voyage 2025* sera source d'inspiration pour vous, que vous choisissiez d'explorer les trésors historiques et culinaires de Palma de Majorque, de randonner parmi les oliviers et les *wadi* silencieux de Jordanie ou de découvrir un pays moins connu comme le Laos. Au fil des récits passionnés de nos auteurs, vous passerez du Vanuatu, haut lieu de l'aventure dans le Pacifique, à l'ambiance bohème balnéaire de Puducherry, en Inde, ou aux charmes plus tranquilles de la verdoyante l'Est-Anglie, au Royaume-Uni.

Depuis la première édition il y a quinze ans, l'élaboration du *Best of du voyage* est la célébration annuelle de tout ce que nous aimons dans le voyage. La collecte de ces suggestions est un des temps forts de la vie chez Lonely Planet. Dans un premier temps, nous demandons à nos contributeurs – de plus en plus souvent, des spécialistes basés dans leur destination de prédilection, partout dans le monde – de nous transmettre leurs idées. Puis nous votons en toute indépendance pour les différentes propositions afin d'établir un classement. À l'ère de l'intelligence artificielle, *Le Best of du voyage* demeure une compilation d'expériences humaines. Nous sommes ravis de partager ces recommandations parce que nous avons nous-mêmes visité ces lieux.

Le Best of du voyage vise donc à répondre à la question “où ?”. Qu'en est-il du “quoi” ? Cette année, nous avons inclus des inspirations qui ne pouvaient être figées dans un espace particulier et qui reflètent des

1 Plage de Haukland, île de Vestvåg, Lofoten, Norvège **2** Paysage lunaire du Wadi Rum, Jordanie **3** Château de Neuschwanstein, Bavière, Allemagne **4** Enseignes à Osaka, Japon **5** Niché dans la jungle, le Wat Pha Lat de Chiang Mai, Thaïlande **Double page suivante** Coucher de soleil sur les Hautes Tatras, Slovaquie

2

3

4

5

2 © Tom Mackie/Lonely Planet 3 © Natalia Kabliuk/Shutterstock 4 © Nikada/Getty Images 5 © edenexposed/Getty Images

tendances que Lonely Planet a traitées dans ses guides ou en ligne. Assister à un concert ou savourer une spécialité dans une ville, voire un restaurant précis, est un prétexte parfait pour partir découvrir une nouvelle destination. Bonne nouvelle : les voyages à faible impact ont le vent en poupe, et dix périples ferroviaires vous sont proposés. Que diriez-vous de faire un pèlerinage jusqu'à un arbre très spécial ? De vous enfoncer dans les bois en quête d'un oiseau de paradis singulier ? D'applaudir un spectacle de drag-queens envoûtant dans un lieu improbable ? Toutes ces pistes sont la promesse d'excellentes anecdotes à raconter.

Il est important de souligner la chance de pouvoir voyager pour son seul plaisir. La mobilisation autour du *Best of du voyage 2025* s'est faite dans un contexte d'instabilité et de conflits dans nombre de régions du monde, nouveaux pour certains, interminables pour d'autres. Il y a trop de pays que Lonely Planet ne peut couvrir ou recommander, voire – plus dramatique – où le seul voyage envisageable est l'exil de populations innocentes.

Si vous lisez ces lignes, vos décisions sont sans doute plus simples à prendre. *Le Best of du voyage* a peut-être répondu aux questions "où ?" et "quoi ?". Désormais, une année d'aventure vous tend les bras. En route !

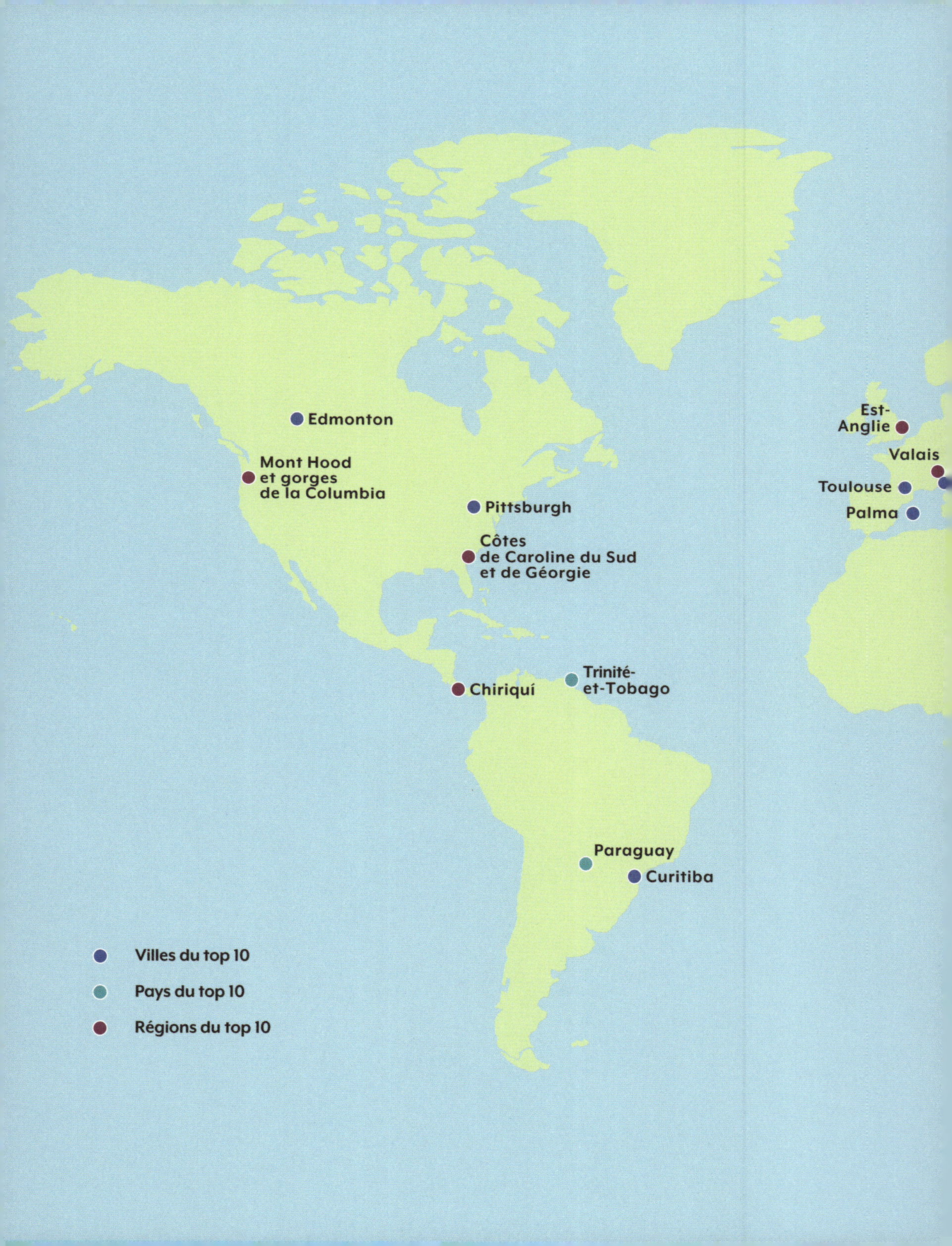

Edmonton
Mont Hood
et gorges
de la Columbia
Pittsburgh
Côtes
de Caroline du Sud
et de Géorgie
Chiriquí
Trinité-
et-Tobago
Paraguay
Curitiba
Est-
Anglie
Valais
Toulouse
Palma
Villes du top 10
Pays du top 10
Régions du top 10

Lituanie
Bavière
Slovaquie
Kazakhstan
Gênes
Giresun et Ordu
Bansko
Arménie
Osaka
Jordan Trail
Teraï
Chiang Mai
Laos
Puducherry
Cameroun
Vanuatu
Fidji
Launceston et la Tamar Valley

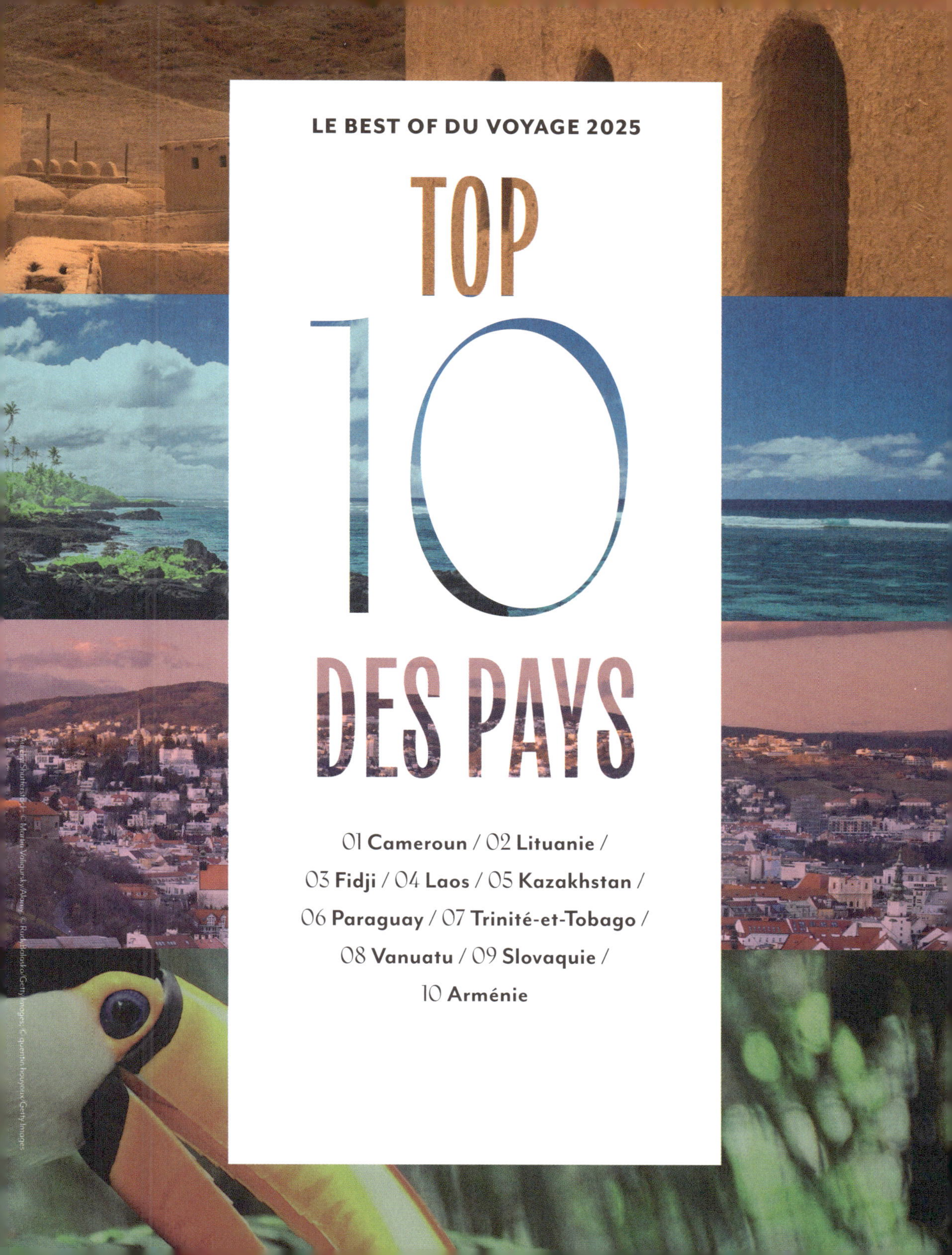

TOP 10 DES PAYS

01 **Cameroun** / 02 **Lituanie** / 03 **Fidji** / 04 **Laos** / 05 **Kazakhstan** / 06 **Paraguay** / 07 **Trinité-et-Tobago** / 08 **Vanuatu** / 09 **Slovaquie** / 10 **Arménie**

01

Cameroun

Incontournable !

1 / Les créations en perles et les bronzes flamboyants au **Village artisanal** dans la belle ville de Foumban.

2 / La ravissante **Kribi** et ses magnifiques palmiers, cascades, plages de sable blanc, et les villages de pêcheurs alentour.

3 / La capitale, **Yaoundé**, pour son architecture Art déco et ses musées ésotériques.

4 / Le **parc national de Campo Ma'an**, qui abrite des mandrills, des gorilles et des éléphants de forêt – et non loin la plage d'Ebodjé, prisée des tortues de mer.

Le Cameroun célèbre le 65e anniversaire de son indépendance en 2025. C'est un pays en pleine transition, un courant mouvant de musique et de culture traditionnelle dans lequel on plonge avec délice. De ses plages couleur chocolat à la plus haute montagne d'Afrique de l'Ouest, de ses villes effervescentes à ses vastes étendues sauvages, le Cameroun invite à l'immersion. En dépit d'une crise dans le Nord-Ouest et d'un accès impossible à certains secteurs du Nord, le pays endosse à merveille son rôle de nouvelle terre d'aventures du continent africain.

PLAGES DÉSERTES

Commençons par le littoral. Des pays dotés de plages comme celles du Cameroun ne peuvent pas passer éternellement inaperçus. À une époque où les voyageurs tendent à s'écarter des sentiers battus pour dénicher des lieux singuliers, qui n'ont pas été dévoyés par le tourisme de masse, le Cameroun est une aubaine, avec des plages désertes situées entre le mont Cameroun, tapissé de forêt tropicale, et un secteur abrité de l'océan Atlantique. Hormis quelques hôtels confortables, la côte entre Limbé et Ebodjé est presque vide : une invitation à se régaler de poisson frais sous les palmiers, les pieds dans le sable. Et quel sable ! Sur ce tronçon de côte camerounaise, les étendues de sable blanc, orientées vers l'ouest, figurent parmi les plus belles d'Afrique ; autour de Limbé, beaucoup arborent une couleur chocolat foncé, héritage des coulées de lave des siècles passés. Plus au sud, autour d'Ebodjé, vous pourrez participer à un projet de protection des tortues de mer. Quant à Kribi, elle pourrait bien devenir la prochaine station balnéaire africaine de classe mondiale – à ce jour, elle reste délicieusement préservée. L'expérience globale serait difficile à trouver ailleurs en Afrique, mais les choses ne seront pas toujours ainsi.

VILLES INFATIGABLES

Les villes camerounaises sont fringantes. De Douala, chaude et humide, à Yaoundé, capitale fascinante, ces métropoles tout en contrastes incarnent parfaitement la ville africaine. S'étalant sur sept collines, Yaoundé est parée d'une végétation exubérante et de rues émaillées d'architecture Art déco des années 1960

1

2

Double page précédente Chutes d'Ekom Nkam, au sud-ouest de Foumban **1** Le remarquable monument de la Réunification, dans le centre de Yaoundé **2** Plage paisible frangée de palmiers aux environs de Kribi

3

Impossible d'être triste à Yaoundé, où la musique ne s'arrête jamais. Et qui dit musique dit danse. Baladez-vous, liez connaissance et demandez à vos nouveaux amis de vous montrer les nuits de Yaoundé.

SAMUEL HAROUNA
/ Guide à Yaoundé

4

3 © szymonskim/Getty Images 4 © Tim E White/Getty Images 5 © mbrand85/Shutterstock

(période de l'indépendance), avec une kyrielle de musées, de cafés et de bars. Dans les deux villes, attendez-vous à une bande-son éclectique rythmée par les accents dansants de la rumba d'Afrique centrale, à une circulation infernale, à des habitants chaleureux, à des marchés débordant de textiles colorés, de masques et de statues en bois, et à bien plus encore. Yaoundé et Douala tracent leur route, que le reste du monde les remarque ou pas. Et, fait notable, les visiteurs internationaux y sont peu nombreux et rarement l'objet d'une attention insistante.

L'APPEL DE LA NATURE

Nul besoin de s'écarter très loin des limites de la ville pour s'enfoncer dans une végétation dense, aux verts profonds. Les immenses forêts du bassin du Congo s'étendent du cœur du pays jusqu'à son littoral – ce qui donne parfois l'impression que le Cameroun n'est qu'une gigantesque

jungle tropicale. Plusieurs parcs nationaux permettent de se repérer, du parc national de Campo Ma'an près d'Ebodjé, à l'extrémité sud du pays (où le WWF supervise une forêt peuplée d'éléphants, de primates et de léopards), aux parcs isolés de l'Est, pour lesquels le trajet est une aventure en soi. Ces parcs sont désormais reconnus à l'international pour leurs réussites en matière de protection, donc 2025 pourrait être la dernière occasion de les avoir pour vous seul.

3 Randonnée entre les cratères du parc national du Mont Cameroun, au nord-ouest de Douala 4 Dans le sud du pays, près d'Ebodjé, le parc national de Campo Ma'an abrite des mandrills, des gorilles et des éléphants 5 Fruits tropicaux sur le grand marché de Douala

Quand partir

Si possible, évitez la saison des pluies : d'avril à octobre, les tempêtes tropicales se succèdent en provenance du bassin du Congo. Pendant la saison sèche (novembre à février), la météo est plus clémente, et les routes sont en meilleur état.

Comment s'y rendre

Le Cameroun se trouve encore à l'écart des grandes lignes internationales, mais Air France assure des vols directs.

À lire et à écouter

Emportez *Les Limiers de Bafut,* de Gerald Durrell, *Le Pauvre Christ de Bomba,* de Mongo Béti ou *Le Vieux Nègre et la médaille*, de Ferdinand Oyono. Par ailleurs, votre playlist devra faire honneur à la légende du saxophone Manu Dibango.

02

Lituanie

Incontournable !

1 / **Vilnius** *by night* : un cocktail à la Champagneria puis un concert et quelques pas de danse au Bardakas.

2 / En été : vélo et baignade. En hiver : pêche sur glace et balades dans la neige en admirant les formations de glace sculptée par le vent sur les dunes fragiles du **parc national de l'Isthme de Courlande**.

3 / Un pèlerinage sur la **Colline des Croix**, près de Šiauliai, un émouvant lieu de mémoire comptant plus de 100 000 croix de toutes les tailles et formes.

4 / Une escapade dans les forêts de chênes centenaires et le dédale de lacs du **parc national d'Aukštaitija**, particulièrement préservé.

Dernier pays christianisé en Europe. Ex-État soviétique entravé par des décennies de stagnation économique. Pépinière écocréative. La Lituanie est une destination captivante, marquée par les tragédies du passé et mue par la hardiesse propre à un pays resté trop longtemps dans l'ombre. Dans sa capitale moderne, une contre-culture vivifiante contrebalance un goût inné pour la tradition. Alors que toute la nation est unie pour accompagner Vilnius dans son rôle de Capitale verte de l'Europe 2025, il ne pourrait y avoir meilleur moment pour découvrir ces contrées de pins, de lacs et de dunes au bord de la mer Baltique.

VILLE VERTE EN DEVENIR

C'est à Vilnius que l'âme fougueuse de la Lituanie s'exprime de la manière la plus explicite. Sublime et audacieuse, la capitale baroque a fait du bien-être de ses habitants une priorité absolue : “bonheur”, “longue espérance de vie” et “trajets courts” ont été des critères essentiels pour l'attribution du titre de Capitale verte de l'Europe par l'Union européenne. Des pistes cyclables sillonnent cette ville peu étendue pour rejoindre des parcs verdoyants, des édifices du XVIIe siècle (dont le palais Sapieha, transformé en centre d'art contemporain) et la vieille ville inscrite au patrimoine de l'Unesco, avec ses ruelles pavées, ses églises et ses innombrables terrasses de café en été. Les espaces verts couvrent 61% de la capitale, entourée d'une piste de vélo et de course à pied de 100 km. En outre, des systèmes de partage de vélos, scooters et voitures encouragent les citadins à réduire leur empreinte carbone. En 2026, seize bus à hydrogène seront mis en circulation ; en 2030, 80% des transports publics seront alimentés par des énergies renouvelables.

Le quartier juif de Vilnius, cité jadis surnommée "Jérusalem du Nord", fut largement détruit pendant la Seconde Guerre mondiale. Aménagé dans l'ancien lycée du ghetto, rue Pylimo, le nouveau musée de la Culture et de l'Identité juives lituaniennes (LŽKTM) met en lumière l'héritage juif du pays et son rôle dans le riche ADN de la nation. Les lauréats du Nobel Aaron Klug et Bernard Lown, les artistes Jacques Lipchitz et Mark Antokolski figurent parmi les personnalités juives lituaniennes éminentes mises en avant.

Lors d'une agréable balade à pied, entre l'imposante cathédrale néoclassique et le quartier artistique d'Užupis ou le secteur de Paupys, réhabilité il y a peu, nul ne peut ignorer les témoignages des drames

Double page précédente Vilnius dans toute sa gloire automnale **1** Terrasse de café dans le quartier de Paupys, Vilnius **2** Beffroi de la cathédrale de Vilnius, encadré par les colonnes néoclassiques de l'édifice principal

Vilnius baigne dans la créativité : galeries d'art, arbres emmaillotés de tricots, artisanat local, musiciens de rue... Le Street Music Festival et le Spring Film Festival sont les points d'orgue de son calendrier culturel.

EGLĖ NUTAUTAITĖ
/ Romancière lituanienne

du passé : mémoriaux de l'Holocauste, anciens ghettos, chambres de torture du KGB et cimetières remplis de victimes de guerre, tel celui d'Antakalnis, bouleversant océan de pierres tombales. Parfois, des lieux funestes se réinventent avec brio. Où peut-on danser jusqu'à l'aube dans une prison du XIXe siècle encore en service en 2019 ? À la Lukiškės Prison 2.0, un site expérimental de Vilnius.

3 © Angel Villalba/Getty Images 4 © A. Aleksandravicius/Shutterstock 5 A. Aleksandravicius/Shutterstock

RETOUR À LA NATURE

La nature lituanienne est incomparable. Appréciez la brise de la mer Baltique ou les enivrantes nuits blanches du solstice d'été, quand le soleil oublie de se coucher et que les noctambules abusent de la vodka, de la bière artisanale ou du *midus* (hydromel). Ratissez les plages en quête de fragments d'ambre doré autour de Klaipėda. Discutez avec les pêcheurs sur glace sur la somptueuse lagune gelée de Nida. Arpentez des forêts peuplées d'élans et de divinités païennes dans l'est et le sud du pays. Cueillez des baies sauvages et voguez sur des lacs criblés d'îles dans les parcs nationaux parfaitement préservés d'Aukštaitija et de Dzūkija. Et laissez-vous porter par le murmure de l'eau et la sérénité du delta du Niémen, paradis de l'ornithologie.

Les mues du paysage au rythme des saisons sont réjouissantes. Cinq parcs nationaux et trente parcs régionaux protègent 18,3% du pays, tandis que des sentiers de randonnée et des plateformes d'observation forestière apparaissent un peu partout. Dans le cadre de la prestigieuse Biennale d'architecture de Venise 2025, le pavillon lituanien présente le projet "Architecture de l'arbre" et dénonce l'écoblanchiment (*greenwashing*) dans l'architecture actuelle. L'occasion d'affirmer que la sculpture sur bois, pratiquée depuis des siècles en Lituanie, n'a rien perdu de sa superbe.

3 Charmante rue pavée du vieux Vilnius **4** Imposantes ou minuscules, 100 000 croix se dressent sur la Colline des Croix, lieu de mémoire près de Šiauliai **5** Randonnée sous les pins du parc national de l'Isthme de Courlande

Quand partir

De juin à août, les journées sont longues et ensoleillées, les nuits sont courtes, la mer Baltique est moins froide, et les festivals se multiplient. Fin juin, il ne fait presque jamais nuit.

Comment s'y rendre

Les vols atterrissent à Vilnius et à Kaunas. Excellentes liaisons ferroviaires avec Varsovie, ce qui facilite les trajets depuis/vers d'autres villes européennes. Des ferrys desservent Klaipėda depuis Kiel (Allemagne) et Karlshamn (Suède).

À lire

Plongez dans l'âme du pays avec *Le Linceul blanc*, d'Antanas Škėma, *La Dernière Femme de ma vie*, de Stephan Collishaw, ou *Le Sel de nos larmes*, de Ruta Sepetys.

03

Fidji

Incontournable !

1 / La solennité d'une **cérémonie du kava** et le plaisir de partager ce rituel autour d'un bol communautaire.

2 / La plongée ou le snorkeling dans les **aires marines protégées**, pour explorer des récifs de coraux dans des eaux tropicales chaudes.

3 / La découverte des traditions et de l'hospitalité fidjiennes lors d'une expérience culturelle proposée par un prestataire de tourisme durable du collectif **Duavata**.

4 / Une aventure authentique en pleine nature à la recherche des **cascades des hautes terres**.

Bercé par le rythme des *lali* (tambours traditionnels) et des vagues, l'archipel des Fidji compte plus de 330 îles bordées de palmiers : chacune est un mariage parfait d'eau turquoise, de coraux multicolores et de sable nacré. Des hautes terres aux innombrables plages, les Fidjiens sont extrêmement fiers de leur pays et saisissent chaque occasion de partager cette beauté avec les voyageurs. Les habitants vous accueilleront les bras ouverts, avec des *"Bula !"* enthousiastes. Bien plus qu'un bout de paradis, les Fidji sont une invitation sincère à s'immerger dans un irrésistible mélange de nature, de culture et d'hospitalité.

PROTECTION DU MILIEU MARIN

Plongeurs et snorkeleurs ont de quoi être émerveillés dans le royaume marin des Fidji, qui couvre 3,4 millions de km² d'eaux céruléennes et compte plus de 460 espaces marins protégés, à la biodiversité exceptionnelle. Cet éden aquatique se targue de plus de 1 200 espèces de poissons de récif, qui batifolent parmi 390 types de coraux, et de plus de 75 variétés de requins et de raies. Ces trésors naturels sont les piliers du patrimoine culturel et de la vitalité économique des Fidji, en particulier pour le tourisme – et 2025 marque l'accentuation des efforts pour protéger et régénérer ce précieux environnement, en incitant les visiteurs à prendre part à cette mission.

Tourism Fiji souhaite transformer les vacances classiques en projets porteurs de sens. Une initiative invite les voyageurs à consacrer une heure par jour à la protection de l'archipel en s'engageant dans des activités comme la plantation de corail et de mangrove. Tourism Fiji et l'Association professionnelle des instructeurs de plongée (PADI) ont uni leurs forces pour lancer Bula Blue, un programme avant-gardiste visant à positionner le pays en leader du voyage durable. Le but est d'établir un vaste réseau de centres de plongée PADI Eco Center se fixant pour mission principale la protection et la durabilité. Ce plan est conçu pour encourager le tourisme régénératif, bénéfique pour les communautés locales.

Bula Blue nourrit l'ambitieux projet d'étendre les aires marines protégées de 30% d'ici à 2030, et aussi de mettre en place Adopt the Blue, un effort communautaire axé sur la protection des récifs de tous les sites de plongée des Fidji. En outre, Padi Aware va jouer un rôle fondamental en offrant aux habitants des opportunités de carrière dans la plongée, de manière à renforcer leur lien avec l'environnement marin. Manta Project

1

2

Double page précédente Les eaux turquoise, riches en coraux, des îles Yasawa **1** Escapade paradisiaque dans les îles Mamanuca **2** En pleine jungle, cascade de Middle Tavoro dans le parc national de Bouma, sur l'île de Taveuni, surnommée l'île-jardin des Fidji

Avec sa végétation luxuriante et ses montagnes, l'endroit qui me ravit le plus le cœur est la ville de Savusavu. Mais partout dans l'archipel, la culture, la cuisine et les Fidjiens illustrent parfaitement le slogan "Fidji, ou le monde tel qu'il devrait être".

KITTY WEATHERALL
/ Directrice du Jean-Michel Cousteau Resort

Fiji, en collaboration avec le Manta Trust et des complexes hôteliers comme Kokomo Private Island et Barefoot Manta, favorisent la protection de la raie manta grâce à des travaux de recherche, aux marquages, aux séances de snorkeling responsable avec ces élégantes créatures géantes et aux programmes Adopt a Manta. De la même façon, Beqa Adventure Divers a créé le Fiji Shark Lab, un centre de recherche pour la protection des requins et des raies, financé par les bénéfices du centre de plongée, réputé pour ses plongées avec les squales.

EXPÉRIENCES CULTURELLES

Le charme des Fidji s'exprime bien au-delà de leur littoral inouï et de leur biodiversité marine. Dans un pays figurant parmi les nations les plus heureuses de la planète, on comprend dès l'arrivée que la population fait toute l'essence du lieu. Les Fidjiens ont à cœur de partager leur patrimoine culturel, avec des danses exubérantes et des mélodies harmonieuses ; plus tôt que vous ne le pensez, vous serez amené à ressentir l'esprit communautaire d'une cérémonie du *kava*. L'industrie du tourisme embrasse cette culture de manière authentique et naturelle.

Les équipes du Nanuku Resort, de Turtle Island et du Jean-Michel Cousteau Resort veillent au respect des traditions locales, tandis que des prestataires comme Talanoa Treks, Namosi Eco Retreat et Domoika Adventures – tous membres du collectif de tourisme durable Duavata – imaginent des aventures permettant une découverte de la culture traditionnelle fidjienne.

3 Produits cultivés localement au marché de Nadi, sur la côte ouest de Viti Levu, Fidji **4** Le lori des Fidji est un des oiseaux endémiques évoluant dans les forêts tropicales de l'archipel **5** Kaléidoscope de couleurs sur un récif fidjien

Quand partir

Pendant les mois de mousson (novembre à avril), vous profiterez des plages fidjiennes avec peu de monde et des prix raisonnables, entre les averses. Le reste de l'année, il y a plus de soleil mais plus de monde aussi.

Comment s'y rendre

Fiji Airways assure des vols depuis l'Amérique du Nord, l'Asie, l'Australie et la Nouvelle-Zélande, ainsi que d'innombrables correspondances pour l'Europe avec des compagnies partenaires.

04

Laos

Incontournable !

1 / À Vientiane, le **stupa Pha That Luang** et le **Patuxay**, une réplique de l'Arc de Triomphe français, témoignage du passé colonial du Laos.

2 / **Luang Prabang** pour sa vieille ville, une excursion à la journée jusqu'aux chutes de Kuang Si et la cérémonie des aumônes au lever du soleil dans Sisavangvong Road.

3 / Juste en périphérie de Kunming (Chine), le **domaine du temple d'Or**, qui comporte des édifices religieux, un parc forestier, un jardin botanique et un musée en plein air.

4 / Côté chinois, le spectacle **Dynamic Yunnan** au Yunnan Yingxiang Theatre, prodigieuse comédie musicale qui raconte l'histoire et la vie des minorités ethniques du sud-ouest du pays.

L'Asie du Sud-Est est réputée pour ses réseaux ferroviaires lents et vétustes qui séduisent à la fois les voyageurs à petit budget et les vlogueurs. Si ses voisins sont un peu à la traîne, le Laos a inauguré un train rapide, qui relie ses paisibles plaines de montagne à la dynamique province du Yunnan, dans le sud-ouest de la Chine. Ce "Transasiatique" n'a rien à envier au vénérable Transsibérien, devenu difficile d'accès. Au programme : trains confortables, billets bon marché, climat subtropical et sites légendaires à découvrir au fil des rails.

UN PÉRIPLE FERROVIAIRE

L'Asie du Sud-Est a toujours été une destination très prisée, mais la tendance étant à l'exploration de contrées moins fréquentées, l'attrait futur de la région pourrait sembler incertain. Coup de chance : la nouvelle prouesse d'ingénierie qui relie le Laos aux paysages épiques du sud de la Chine devrait permettre à l'Asie du Sud-Est de rester sur le devant de la scène.

Le chemin de fer Chine-Laos est bien plus qu'une liaison ferroviaire. Cette ligne de 1 035 km, avec de multiples possibilités de descente et de montée, passe par certaines des plus remarquables merveilles culturelles et naturelles d'Asie, pour beaucoup méconnues. Une expérience essentielle pour éviter les foules et savourer le privilège d'une "avant-première" avant l'effet de mode. Dans le futur, le parcours sera étendu jusqu'à la Thaïlande, la Malaisie et Singapour.

Outre les aspects de durabilité inhérents au voyage en train, les voitures douillettes et les horaires pratiques assurent une épopée terrestre authentique mais confortable.

DES CAPITALES APPARENTÉES

Que vous preniez le train dans le Yunnan vers le sud ou que vous achetiez un billet dans la capitale laotienne de Vientiane, le train à grande vitesse traverse certains des plus beaux paysages de la région : vous découvrirez des montagnes vertigineuses, d'immenses rizières et de charmantes villes chinoises qui révèlent une facette de l'Asie plus tranquille, moins visitée par les touristes étrangers. Un nouveau monde s'ouvre à chaque arrêt. Les deux villes aux extrémités de la ligne ne sauraient être plus différentes en apparence, mais elles partagent le même esprit. Au Laos, la singulière Vientiane se caractérise par un équilibre entre tradition et modernité et un gouvernement bouddhiste-communiste. À Kunming,

Double page précédente Village près de Luang Namtha
1 Réplique de l'Arc de Triomphe à Vientiane, le Patuxay rend hommage aux Laotiens décédés durant les guerres prérévolutionnaires **2** Le Vat Ho Phra Bang abrite la statue du Bouddha (Phra Bang) qui a donné son nom à Luang Prabang

3

Avant, les trajets en bus entre grandes villes pouvaient durer une journée. Désormais, en train, ils se font en une heure au maximum, ce qui laisse plus de temps pour explorer.

CHRIS SCHALKX
/ Journaliste

4

3 © Dy13/Getty Images 4 © filmlandscape/Shutterstock 5 © gg-foto/Shutterstock

l'atmosphère est tout aussi décontractée et paisible, ce qui évoque davantage l'Asie du Sud-Est que la Chine. Kunming est surnommée "Ville du printemps" en raison de son climat tempéré toute l'année. En outre, elle s'enorgueillit de nombreux trésors naturels, d'espaces publics bien entretenus, de sources chaudes, de lacs et de musées.

SITES HISTORIQUES MÉCONNUS

Sur le tronçon Vientiane-Boten, le train traverse des paysages montagneux et verdoyants à 160 km/h ; il franchit 162 ponts (dont deux sur le Mékong et mesurant plus de 1 km) et 72 tunnels. Le parcours est ponctué de villes historiques méconnues mais d'une beauté époustouflante, parmi lesquelles Luang Prabang, Oudomxay et Luang Namtha. Si vous avez le temps, toutes méritent une nuit sur place.

Avant de passer la frontière, vous serez soumis aux formalités migratoires, à Boten au Laos ou à Mohan en Chine. En venant du Laos, vous pénétrerez dans la préfecture autonome de Xishuangbanna, dans le sud de la Chine, puis vous traverserez Pu'er, Yuxi et Kunming-Sud avant d'atteindre la capitale du Yunnan. Ce tronçon se compose

de deux lignes ; le train ralentit en arrivant au Yunnan, à quelque 90 km du terminus.

De bout en bout, le trajet dure environ 10 heures 30, formalités douanières et migratoires incluses. Auparavant, seul un bus reliait Kunming et Vientiane, en plus de 22 heures. Les voyageurs au budget serré seront ravis de constater que les tarifs des billets de train et de bus sont quasiment les mêmes. Si vous voulez éviter la probable affluence à venir, 2025 est l'année idéale pour embarquer.

3 Les sublimes cascades de Kuang Si, excursion facile depuis Luang Prabang **4** Poisson grillé, stand de rue laotien **5** Sous l'averse à Luang Prabang

Comment circuler

La réservation des billets pour cet itinéraire ferroviaire requiert différentes méthodes selon les tronçons. En Chine, ils peuvent être réservés sur le site officiel www.12306.cn ou aux billetteries des gares. Au Laos, les billets ne peuvent pas être réservés en ligne et doivent être achetés dans les gares ou les agences de voyages, seulement trois jours à l'avance. Les tarifs sont très abordables mais varient selon la demande, la saison et les horaires. Comptez environ 850 ¥ (110 €) en première classe et 200-600 ¥ (26-78 €) en seconde classe. Il n'y a pas de couchettes.

05

Kazakhstan

Le Kazakhstan n'est pas juste un lieu à visiter. C'est un monde à pénétrer, des trajets qui ont le parfum de l'aventure et une histoire dans laquelle se fondre, aux côtés des fantômes de la route de la soie. La cosmopolite Almaty sera votre point de départ. Vous traverserez ensuite des montagnes sauvages et des steppes infinies, découvrirez des centres spatiaux soviétiques et d'anciennes villes marchandes, dans un pays encore très préservé du tourisme.

LE VOYAGE SE LÈVE À L'EST

"Dans ces contrées, les trains circulaient d'ouest en est et d'est en ouest", écrivit Tchinguiz Aïtmatov, un des auteurs les plus influents d'Asie centrale. À votre tour, embarquez pour un voyage en train reliant les grandes villes du pays.

Ceinturée de montagnes, l'ex-capitale Almaty incarne l'héritage soviétique du pays dans ses différents quartiers, appelés microdistricts. Baladez-vous dans l'animation

Incontournable !

1 / Un repas au **restaurant Auyl**, en périphérie d'Almaty. Un mix entre design, histoire et cuisine néonomade.

2 / Les dunes chantantes du **parc national Altyn-Emel**. Sur 3 km, le sable et le vent produisent des sons pareils à ceux d'un orgue.

3 / Le *beshbarmak*, plat national à base de cheval ou de mouton, au **restaurant Bozjyra** d'Aktaou.

4 / Les trois jours des **fêtes de Norouz**, le Nouvel An perse (premier jour du printemps). Chaque ville ou village organise des danses et jeux traditionnels, mais c'est à Astana que les fêtes sont les plus intenses.

du Marché vert, admirez l'architecture élaborée de la cathédrale Zenkov et écoutez l'appel à la prière lancé depuis les minarets de la mosquée centrale. En sortant d'Almaty, les trésors naturels sont tout proches. Grimpez dans un 4×4 et explorez le canyon de Charyn et ses formations rocheuses vieilles de 12 millions d'années. Puis traversez des forêts épaisses jusqu'au parc national des Lacs Kolsay. Si vous avez un penchant pour les phénomènes naturels, les barkhanes (dunes en croissant) du parc national Altyn-Emel offriront leur chant à vos oreilles interdites.

La capitale, Astana, est réputée pour son architecture ultramoderne, mais elle possède aussi une facette culturelle, à découvrir à l'Opéra, au Musée national ou dans l'ancienne maison du poète Saken Seïfoulline.

Enfin, explorez à cheval les montagnes et les vallées luxuriantes du parc national de Katon-Karagay, aux confins orientaux du pays, près des frontières avec la Russie, la Mongolie et la Chine. En 2021, un piège photographique y a confirmé la présence, rare, de la panthère des neiges.

BALLE AU CENTRE

Découvrez le côté soviétique de la course à l'espace au cosmodrome de Baïkonour (permis requis), toujours en activité. En s'organisant à l'avance, les férus d'astronomie pourront réserver un circuit de cinq jours culminant avec un lancement (environ quatre par an).

1

2

Double page précédente Bergers nomades et leurs précieux chevaux kazakhs dans la steppe, au pied des montagnes **1** Chasse à l'aigle royal près d'Almaty **2** Randonnée parmi les formations rocheuses ancestrales du canyon de Charyn

3

Almaty est indissociable des montagnes. Au milieu des épicéas du Tian Shan, à cheval ou à pied, il n'y a aucun endroit où je me sente aussi bien, à tout moment de l'année.

ANELYA NAZARBEK
/ Passionnée d'activités de plein air autour d'Almaty

4

3 © Cavan Images/Getty Images 4 © Hihitetlin/Shutterstock 5 © Pikoso.kz/Shutterstock

Près de la frontière avec l'Ouzbékistan, Chymkent est un ancien carrefour caravanier. Troisième ville du Kazakhstan, elle est réputée pour sa cuisine, une des meilleures du pays. Remarquez aussi les œuvres de street art dans la rue Suleymenova. En avril-mai, gagnez les montagnes couvertes de tulipes au sud de la ville : air frais et *chachlyk* (brochettes) en perspective. Les randonneurs vont adorer les chemins du parc national Sairam-Ugam ; au réveil, ils verront peut-être des cerfs ou d'autres animaux brouter à deux pas de leur tente.

Reprenez le train jusqu'à Turkestan, ville empreinte d'un puissant héritage soufi. Attirant des kyrielles de pèlerins, ses mosquées et mausolées rappellent ceux de Samarcande et de Boukhara, des villes de la route de la soie en Ouzbékistan.

CAP À L'OUEST

Poussez jusqu'à la mer Caspienne, où Aktaou est une ville étrange : sablonneuse, avec une odeur de gaz dans l'air et cernée de terres argileuses désolées. Flânez en bord de mer, observez le mode de vie local et, comme les habitants, allez vous régaler dans le jardin du restaurant Karvon.

Le site le plus intéressant de la région est la réserve d'Oustiourt : au cœur de la steppe se dressent des colonnes de calcaire et de craie pouvant atteindre 100 m de haut. Repérez les troupeaux de saïgas (antilopes eurasiatiques), de gazelles de Perse et de mouflons. Des étapes de la route de la soie, il ne reste aujourd'hui que les ruines de Shakhr-i-Vazir, le caravansérail ouzbek de Béleuli et la forteresse d'Allan, ainsi que des mausolées et des mosquées souterraines.

3 Le grand lac d'Almaty, au pied des sommets du Tian Shan **4** Cuisine kazakhe traditionnelle **5** Datant de l'époque tsariste, Zenkov est la cathédrale orthodoxe russe d'Almaty

Quand partir

Au printemps et à l'automne dans les villes et les vallées, et en été dans les montagnes. Les hivers sont rigoureux, mais le massif de l'Altaï est fabuleux pour le ski de randonnée.

Comment s'y rendre

En avion jusqu'à Almaty, en ferry de Bakou (Azerbaïdjan) à Aktaou. Les villes du pays sont bien desservies par le train. Les Soviétiques ont construit un réseau ferré pour rallier les pays voisins : la Russie, le Kirghizistan et l'Ouzbékistan sont à portée de train.

06

Paraguay

Incontournable !

1 / La nouvelle cuisine du **restaurant Óga**, à Asunción : sashimis de poisson-chat, entrecôte, purée de patates douces et glace au maté.

2 / Un bain de soleil sur les plages dorées de **Carmen del Paraná**.

3 / Au départ de Concepción, une croisière à bord de l'hôtel flottant Siete Cabrillas sur une rivière du **Pantanal**, le plus vaste marais tropical du monde.

4 / Une balade parmi les **ruines jésuites** de Trinidad, Jesús de Tavarangué et San Cosme y Damián.

5 / L'ambiance des supporters déchaînés du **Superclásico**, match de foot opposant le Club Olimpia et le Cerro Porteño.

Niché au cœur de l'Amérique du Sud, le Paraguay se distingue par sa biodiversité et son atmosphère décontractée et accueillante. Les curieux seront récompensés par des *pueblos* pittoresques, des cascades puissantes et la forêt du Chaco – peuplée de jaguars et de tamanoirs. Dans le même temps, de nouveaux immeubles s'intègrent à l'architecture éclectique d'Asunción, capitale au charme désuet. Le Paraguay est moins fréquenté que le Brésil et l'Argentine : les visiteurs profitent souvent de ses trésors en comité restreint. Venez avant la foule : le pays accueillera certains matchs de la Coupe du monde de foot en 2030.

LA MÈRE DES VILLES

L'héritage précolombien d'Asunción est palpable : du guaraní parlé par les cireurs de chaussures au *tereré*, infusion de maté et de plantes médicinales vendue à tous les coins de rue. Il se manifeste aussi dans les nouveaux restaurants mettant à l'honneur des produits endémiques. Fondé en 2024,

Táva Comedor propose des spécialités traditionnelles comme la *sopa paraguaya* (pain de maïs moelleux, au fromage) ou des créations fusion comme le *mbeju*, crêpe de manioc croustillante, garnie de bœuf, d'œuf frit et de kimchi. Le prestataire ChacaTours emmène les visiteurs à La Chacarita – quartier historique à la réputation sulfureuse, au bord du fleuve – et proposera bientôt des séjours chez l'habitant. Une fois par mois, les demeures délabrées du début du XIXe siècle, dans Calle Palma, ouvrent leurs portes : on pourrait se croire à La Havane. Par ailleurs, la bière artisanale gagne du terrain ici aussi ; rendez-vous au patio animé de Koggi pour goûter les lagers de Herken, à la brasserie sans chichis The Hop pour une blanche ou une IPA, ou à l'élégant bistrot-brasserie Simón Dice pour une ale rousse, une porter ou une Kölsch. En 2025, la reconstruction d'une ligne ferroviaire abandonnée, entre la prestigieuse gare du centre-ville et les faubourgs, devrait enfin commencer – mais il faudra s'armer de patience avant d'espérer embarquer.

EXPLORATION DU CHACO

À 1,5 km, de l'autre côté du fleuve, on atteint déjà le Chaco, un immense patchwork de marais, de savane et de broussailles. Souvent décrit comme une des dernières étendues sauvages de la planète, le Chaco est habité depuis longtemps par plus d'une dizaine de peuples amérindiens – artisans talentueux et gardiens attentionnés de ce fragile habitat forestier. La récente construction de ponts

Double page précédente Magnifiques chutes de Saltos del Monday **1** Paysage urbain hétéroclite d'Asunción **2** Nénuphars géants dans les marais du Pantanal

3

Le Paraguay n'attend que d'être découvert. Comme dans un village figé dans le temps, le mode de vie communautaire est très préservé. La Chacarita incarne la genèse du Paraguay : tout a commencé ici.

CHRISTIAN NUÑEZ
/ Fondateur, ChacaTours

3 © tane-mahuta/Getty Images 4 © Jan-Schneckenhaus/Getty Images

et de routes a rendu la région plus accessible aux visiteurs, et on trouve des hôtels confortables dans la ville mennonite de Filadelfia, à sept heures de route d'Asunción. Outre les sentiers de randonnée, ne manquez pas le prestigieux centre d'interprétation ouvert en 2020 à Cruce Filadelfia, avec des salles consacrées à la flore (dont le solide *quebracho*, au bois très dur, et le *palo borracho*, en forme de bouteille et à l'écorce épineuse) et à la faune (jaguars, tapirs, flamants, tamanoirs). Non loin, la lagune Capitán est un bon endroit pour observer des animaux. Plus au nord s'étend le majestueux parc national Defensores del Chaco. Marchez d'un pas léger et sollicitez un guide expérimenté – de petits groupes d'Ayoreos vivent ici ; ces chasseurs-cueilleurs forment les dernières communautés isolées d'Amérique, hors Amazonie.

CHASSE AUX CASCADES

Les chutes d'Iguazú – non loin, à la frontière entre Argentine et Brésil – attirent les foules, mais l'est du Paraguay se targue de dizaines d'autres cascades impressionnantes. Descendez en rappel le Salto Cristal – mur d'eau claire dévalant des rochers sombres – et campez près du rivage en pleine forêt

LES PLUS EMBLÉMATIQUES

Fêtes paraguayennes

1 / **Vendredi saint** Procession à Tañarandy, à la lueur des bougies, puis messe avec un gigantesque autel fait de courges et d'autres végétaux.

2 / **San Juan Ára** Nourriture à foison et jeux spectaculaires autour du feu. Solstice d'hiver (juin).

3 / **Día de la Independencia** Le Paraguay célèbre son indépendance les 14 et 15 mai, avec des concerts de harpe et la danse des bouteilles.

4 / **Fiesta de San Blas** Le 3 février, les habitants de La Chacarita défilent avec une statue de saint Blaise, patron du Paraguay, et couronnent le *rey de los feos* (roi des laids).

5 / **Arete Guasú** Fin février, les Amérindiens boivent de la bière de maïs et dansent avec leurs ancêtres.

4

tropicale. Alimentant un bassin au point de vue imprenable, le Salto Inglés doit son nom aux cheminots britanniques qui y installèrent des tuyaux pour remplir leurs locomotives, toujours conservées dans la ville de Sapucai. Le Salto Samakua se déverse depuis une falaise sur 60 m : prenez un guide à Capitán Bado pour le trouver. Non loin des centres commerciaux de Ciudad del Este, les Saltos del Monday prennent une couleur café au lait après de fortes pluies. Il faut un véhicule robuste et un réservoir plein pour atteindre tous ces sites. Autre option : un week-end avec JaikuaaPy, au départ d'Asunción.

3 Le Chaco abrite nombre d'animaux, et le centre d'interprétation de Cruce Filadelfia en est la meilleure introduction 4 Centre commercial Paseo La Galería, une facette de l'Asunción moderne

Quand partir

La période entre juin et novembre est fabuleuse : les *lapachos* (arbres sacrés des Incas) se couvrent de fleurs jaunes et roses, et il fait un peu moins chaud.

Comment s'y rendre

L'aéroport Silvio-Pettirossi relie Asunción à d'autres capitales d'Amérique du Sud et à Madrid. Pour visiter Iguazú, vous pourrez facilement gagner Ciudad del Este. Le Chaco est accessible en bus de nuit depuis Santa Cruz, en Bolivie.

À lire

Paraguay de Lily Tuck, qui se déroule durant une guerre cataclysmique au XIXe siècle.
Moi, le Suprême, rédigé par le plus grand auteur du pays, Augusto Roa Bastos, durant son exil.

07

Trinité-et-Tobago

Incontournable !

1 / Ornithologie, randonnée et observation des tortues avec les Hadco Experiences de l'**Asa Wright Nature Centre** ; installé dans la Cordillère septentrionale, ce domaine accueille les férus de nature du monde entier.

2 / Des sports aquatiques sur les vagues céruléennes de Tobago et des restaurants populaires sur la **Pigeon Point Beach**. Goûtez le savoureux curry de crabe et les raviolis de Miss Trim's.

3 / Une pizza italienne garnie d'ingrédients locaux comme l'huile à la coriandre longue et l'aubergine, chez **Kaiso City Pizza**, à Port of Spain.

4 / Le **Temple sur la Mer**, lieu de culte hindou, un édifice octogonal coloré bâti sur une chaussée dans le golfe de Paria.

Trinité-et-Tobago est loin de se limiter à la triade "soleil, mer, sable". La République aux îles jumelles est un territoire marqué de plusieurs strates historiques, où 1,3 million de personnes aux identités ethniques, religieuses et culturelles très diverses vivent en harmonie – et font la fête de manière intense. La culture est le fer de lance du plus méridional des joyaux caribéens : des rythmes hypnotiques de la soca pendant le carnaval de Trinité aux spécialités culinaires plus exquises les unes que les autres, Trinité-et-Tobago est un pays des merveilles.

UNE EXPLOSION DE CULTURE

Lors des nombreux festivals organisés partout à Trinité-et-Tobago, "toutes les croyances et toutes les races ont la même place", pour reprendre les paroles de l'hymne national. Tout au long de l'année, les visiteurs ont la possibilité d'explorer des univers captivants, façonnés par le riche mélange de cultures, de religions et de patrimoines du pays. Grâce à cet assemblage anthropologique, la musique, la mode et la nourriture s'entremêlent d'une manière résolument singulière.

Le carnaval de Trinité est le fleuron du calendrier des festivités nationales. Durant un mois, le public peut assister à des concours de tambours métalliques (*steel drums*), à des combats au bâton et à des démonstrations de calypso. Cette période grisante culmine avec des défilés costumés fantastiques les lundi et mardi précédant le début du carême catholique. Durant ces deux jours, des dizaines de milliers de fêtards investissent les rues de la capitale, Port of Spain, ainsi que d'autres lieux du pays pour vibrer au son de la soca diffusée à plein volume depuis les haut-parleurs de gros camions. Autre fête, le Hosay est une commémoration musulmane indo-caribéenne durant laquelle des mausolées miniatures multicolores, appelés *tadjah*, défilent jusqu'à la mer puis sont jetés dans les flots. Phagwa, ou Holi, est la fête hindoue des couleurs : tout le monde se jette joyeusement des poudres colorées appelées *abir* pour symboliser le triomphe du bien sur le mal.

PRÉCIEUSE NATURE

En dehors de l'agitation festivalière, le tourisme durable est de plus en plus prisé pour des escapades tropicales "sereines, propres et vertes". De nombreuses activités respectueuses de l'environnement

Double page précédente Ibis rouges volant vers les mangroves du marais de Caroni, Trinité **1** Des bébés tortues luths font une pause avant de gagner la mer à Grande Riviere, Trinité **2** Danseuses costumées lors du carnaval impressionnant précédant le carême, Port of Spain, Trinité

3

> Le pays est un creuset de cultures, ce qui se traduit par une gastronomie exceptionnelle. De la street food aux restaurants chics, la scène culinaire célèbre notre identité.

CHEFFE BRIGETTE JOSEPH
/ Consultante en gastronomie et hôtellerie

4

3 © rj lerich/Shutterstock 4 © Chelsea Sampson/Getty Images 5 © John Harper/Getty Images

viennent enrichir l'expérience des visiteurs et apportent de nouvelles perspectives aux petites communautés.

Le village côtier de Grande Riviere possède un des plus importants sites de nidification des tortues luths au monde. Les habitants ont créé une association pour les protéger, surveillent les plages la nuit pour lutter contre les braconniers et proposent des circuits organisés. Par conséquent, il y a davantage d'hébergements, et Grande Riviere a développé un petit réseau de tourisme durable qui bénéficie à la fois à la population et aux tortues.

UN RÊVE DE GOURMET

Si vous avez un petit creux, il y a forcément de quoi combler vos désirs à Trinité-et-Tobago. Mâtinée d'influences culturelles venant des communautés africaines, sud-asiatiques, française, espagnole, anglaise, hollandaise, chinoise et autochtone, l'offre gastronomique est vaste et savoureuse. Des restaurants comme Freebird, à Pointe-à-Pierre (sud de Trinité), concoctent de fabuleux repas, de la ferme

5

à la table. À Tobago, The Seahorse est un paradis des fruits de mer, avec en prime le son des vagues déferlant sur la plage voisine. À Port of Spain, l'avenue Ariapita offre une atmosphère plus décontractée, avec beaucoup de street food, par exemple les pitas de Hassan Gyros, généreusement garnies d'un mélange d'agneau et de poulet, ou la spécialité nationale, le *doubles* (sandwich au curry de pois chiches), mitonné par Sauce Team. De quoi se régaler à toute heure du jour et de la nuit, pour le plus grand plaisir des papilles et du portefeuille.

3 Stand de fruits à Scarborough, capitale balnéaire de Tobago **4** Les spots d'ornithologie tel l'Asa Wright Nature Centre sont l'occasion d'observer des espèces colorées comme le guit-guit céruléen **5** La sublime Pigeon Point Beach, Tobago

Quand partir

Comme la plupart des pays des Caraïbes, Trinité-et-Tobago est agréable toute l'année. La saison humide (juin à novembre) correspond techniquement de la saison des cyclones, mais les précipitations ne sont pas intenses au point d'empêcher un séjour agréable. La saison sèche s'étend de décembre à juin.

Comment s'y rendre

L'aéroport international de Piarco est le point d'accès le plus facile à Trinité. Tobago est accessible en avion (aéroport international ANR-Robinson) ou en ferry inter-îles.

À lire

Des auteurs de l'archipel : *Le Sel* ou *La Danse du dragon*, d'Earl Lovelace ; *Un drapeau sur l'île* ou *Le Masseur mystique*, de VS Naipaul.

08

Vanuatu

Incontournable !

1 / Le spectacle d'une éruption depuis le cratère du **volcan Yasur** sur l'île de Tanna.

2 / Le **kava**, boisson emblématique du Vanuatu, à déguster dans un bar de quartier sur n'importe quelle île.

3 / Une plongée sur des épaves célèbres et des récifs de corail, ou une baignade dans l'idyllique **lagon Bleu** et les **cascades de Mele** sur l'île d'Éfaté.

4 / Le mélange de traditions culturelles, de l'étrange fête de John Frum, sur l'**île de Tanna**, à l'art du dessin sur sable sur l'**île de Malekula**, qui a son propre festival en mai.

Magie, mysticisme et *kastom* (coutume) se mêlent dans les 83 îles sauvages et préservées du Vanuatu, qui se distingue aussi par une grande diversité linguistique. Souvent délaissé par les voyageurs, qui lui préfèrent des destinations du Pacifique aux infrastructures plus développées, le Vanuatu a sa nature brute pour meilleur atout. Plongées épiques, rituels ancestraux et observation d'éruptions volcaniques sont au programme. En outre, le pays a adopté un plan de développement durable pour offrir plus de confort aux voyageurs, tout en protégeant la nature pour les générations futures. Il semble aujourd'hui plus propice que jamais d'explorer l'archipel.

UN PAYS HEUREUX

L'année 2025 marque les dix ans d'un des pires cyclones de l'histoire du Pacifique Sud, qui dévasta le Vanuatu. Pam ne fut pas la première catastrophe climatique subie par le pays, et ne sera pas la dernière. Pourtant, cette petite nation de 300 000 habitants a récemment été classée deuxième pays le plus heureux du monde. On comprend aisément pourquoi en arrivant à Port-Vila, sur l'île principale d'Éfaté. Lovée entre une baie naturelle étincelante et un sublime lagon turquoise, une capitale ne pourrait rêver meilleur emplacement. Le rythme est lent, l'accueil, chaleureux et le cadre, propice à la détente. Malgré les tempêtes en tout genre essuyées par le Vanuatu ces dernières années, le bonheur n'est jamais remis en cause.

TERRE ET CULTURES ANCESTRALES

Le Vanuatu est tapissé de jungle, ourlé de plages désertes, constellé de volcans et sillonné de chemins fabuleux. Mais l'élément le plus marquant est peut-être la diversité culturelle des Ni-Vanuatu (peuple mélanésien du Vanuatu, également appelé Ni-Van). Des tribus *kastom* de l'île de Tanna, qui font perdurer un mode de vie précolonial dans le monde moderne (et vouent un profond respect au duc d'Édimbourg, décédé en 2021), à la captivante danse du serpent effectuée par les hommes de l'île de Ra, dans les îles Banks, les occasions pour des immersions culturelles mémorables sont infinies. Il n'est même pas nécessaire de quitter Port-Vila pour découvrir les traditions des Ni-Van, car, ici aussi, la *kastom* continue de jouer un rôle important dans le quotidien de la plupart des habitants. La capitale est également le meilleur endroit pour percevoir les nombreuses influences culturelles, entre autres française et britannique, qui ont

Double page précédente Kayaks sur le trou bleu de Matevulu, île d'Espiritu Santo **1** Hébergement de rêve en bungalows sur pilotis **2** Danse coutumière, au pied du volcan Yasur, île de Tanna

3

3 © Mark and Anna Photography/Shutterstock

J'adore acheter des fruits et légumes au marché de Port-Vila : tout est frais et bio. Et j'y prends souvent des beignets de manioc fourrés à la viande : mon péché mignon !

BEVERLY TEAHIU
/ Guide locale

façonné toutes les facettes du Vanuatu, de sa cuisine à sa langue principale, le bichlamar. Ce dernier est apparu durant une période sombre de l'histoire de l'archipel, quand les Ni-Van, réduits en esclavage par les colons européens, furent contraints de partir travailler sur les plantations, en Australie et au-delà. Cette langue commune est désormais un facteur d'unité dans une nation qui compte plus de 130 groupes linguistiques.

NOUVEAU DÉPART

Depuis peu, le Vanuatu est sorti du groupe des pays les moins développés du monde – un stade que très peu d'autres nations ont réussi à franchir au cours des quarante dernières années. Si l'aspect sauvage contribue incontestablement au charme de l'archipel, les nombreuses initiatives récentes et à venir dans le domaine du tourisme visent à rendre les séjours encore plus agréables. Le Ratua Private Island Resort, hôtel à but non lucratif sur l'île d'Espiritu Santo, est un des hébergements les plus luxueux et les plus respectueux de l'environnement au Vanuatu. Ses treize villas javanaises restaurées peuvent accueillir jusqu'à quarante-deux personnes, la brise marine fait office de climatisation,

LES MEILLEURS
Sites de plongée

1 / **SS *President Coolidge*** Un des spots de plongée sur épave les plus vastes et les plus accessibles du monde, au large d'Espiritu Santo.

2 / **Île de Tanna** Son seul centre de plongée, au White Grass Ocean Resort & Spa, permet d'explorer les deux trous bleus de l'île, aux parois de corail.

3 / **Million Dollar Point** Cimetière sous-marin de matériel de la Seconde Guerre mondiale, abandonné par les Américains. Au large d'Espiritu Santo.

4 / **Owen's Reef** Au large d'Éfaté, ce magnifique récif abrite une diversité ahurissante de coraux.

5 / **Cindy's Reef** Facile d'accès depuis Espiritu Santo, ce joli récif ravira les amateurs de coraux.

4

5

et le menu est élaboré à partir de produits bio cultivés sur l'île.

Fondé et géré par des Vanuatais, le tout nouveau Moso Dream Tours & Transfers organise des sorties sur l'île d'Éfaté, tandis que sur Tanna, White Grass Ocean Resort & Spa, seul centre de plongée de l'île, travaille en collaboration avec le ministère de la Pêche du pays pour établir une aire marine protégée afin de préserver les récifs et leur extraordinaire écosystème sous-marin.

3 Sculpture en bois flotté sur le rivage de Port-Vila **4** Hôtel en bord de plage, île d'Éfaté **5** Baignade dans l'eau claire des cascades de Mele, près de Port-Vila, île d'Éfaté

Quand partir

Avec 45 000 touristes par an, le Vanuatu n'est jamais bondé, même pendant la haute saison (saison sèche, avril à septembre). Essayez de visiter l'île de Pentecôte un samedi entre avril et juin pour assister au rituel ancestral du saut du *gol*, qui a inspiré notre saut à l'élastique. Pour les îles Maskelyne, l'idéal est de venir pour le Maskelyne Canoe Race & Arts Festival, en juillet.

Comment s'y rendre

Des vols desservent le Vanuatu depuis l'Australie (Brisbane, Sydney et Melbourne), la Nouvelle-Zélande (Auckland), Fidji (Nadi), la Nouvelle-Calédonie (Nouméa) et les îles Salomon (Honiara).

09

Slovaquie

Avec des voisins aussi célèbres que la République tchèque et l'Autriche, le risque est grand de finir aux oubliettes. Bordée de cinq pays et avec des trains vers toute l'Europe, la Slovaquie n'a longtemps été qu'un point de passage. Mais avec des monuments historiques restaurés, la valorisation de l'écotourisme et le développement de sa région orientale jusqu'ici méconnue, la Slovaquie est vouée à devenir la coqueluche des voyageurs. Ponctué de montagnes vertigineuses et de villes artistiques, ce pays enclavé est désormais une destination à part entière, grâce à son éclectisme architectural et à sa nature préservée.

LE GRAND RENOUVEAU DE BRATISLAVA

La Slovaquie a tous les atours attendus en Europe centrale : flèches d'églises gothiques, châteaux perchés sur des collines et musées inspirants. En 2025, ces joyaux culturels se présentent sous leur meilleur jour, surtout dans la capitale, Bratislava, où les échafaudages ont enfin disparu.

Incontournable !

1 / L'architecture brutaliste : la pyramide inversée de la **maison de la Radio slovaque**, à Bratislava, ou le dôme futuriste du **musée du Soulèvement national slovaque**, à Banská Bystrica.

2 / Une balade à raquettes dans les **Hautes Tatras** ou un parcours sur des échelles au-dessus des cascades du **parc national du Karst de Slovaquie**.

3 / Sous terre, la plus grosse stalagmite d'Europe dans la **grotte de Krásnohorská** et le permafrost étincelant de la **grotte de glace de Dobšiná**.

4 / Le point de vue depuis le restaurant tournant Veža, dans la **tour TV du Kamzík**, ou depuis le restaurant panoramique de l'emblématique **tour UFO**, toutes deux à Bratislava.

La Galerie nationale slovaque a bénéficié d'une rénovation haut de gamme, avec la réhabilitation de la cour et des salles, et la transformation du pont-galerie de Dedeček – vestige des années 1970, qui divisait l'opinion – en un espace contemporain élégant et lumineux. Dans la vieille ville, la porte Michel, la seule des quatre portes médiévales encore debout, a aussi été restaurée. Mentionnons également la Námestie Slobody (place de la Liberté), qui était dans un triste état et dont la pièce maîtresse, la fontaine Družba, est restée hors d'usage pendant seize ans. Désormais, de cette sculpture en forme de fleur, l'eau coule à flots, et la place est redevenue un lieu de rendez-vous prisé. On notera aussi les créations architecturales, comme l'expansion à venir de Sky Park, le projet résidentiel de Zaha Hadid, ainsi que la tour d'observation de Devínska Kobyla, à 11 km au nord-ouest de Bratislava. Du haut de cette construction de 20 m de haut, dont la forme est inspirée d'une mante religieuse, on peut contempler les champs et forêts de Slovaquie, ainsi que l'Autriche et la République tchèque voisines.

L'IMPULSION DE L'ÉCOTOURISME

La Slovaquie gagne peu à peu du terrain en matière de tourisme vert : en 2023, elle a atteint la sixième place de l'indice du voyage durable d'Euromonitor. Ses neuf parcs nationaux sont émaillés de lacs, forêts de hêtres et prairies de fleurs sauvages tapissant les versants des Carpates. En hiver,

Double page précédente Le paisible lac de Štrbské Pleso, station thermale des Hautes Tatras **1** La cathédrale Saint-Martin domine Bratislava **2** Printemps dans les Hautes Tatras

1

2

3

> Dans les années 1970, beaucoup de projets utopiques furent lancés, bien peu furent achevés. Les édifices comme l'UFO de Bratislava incarnent l'époque de la course à l'espace, quand tout semblait possible.

BRANO CHRENKA
/ Cofondateur, circuits Authentic Slovakia

4

3 © La Pica de Gallo/Stockimo/Alamy 4 © kolderal/Getty Images 5 © TomasSereda/Getty Images

la plupart des chemins ferment pour six mois dans les Tatras, la chaîne de montagnes séparant la Slovaquie de la Pologne, afin de ne pas déranger la nature endormie. À l'ouverture de la saison de randonnée, on peut emprunter le chemin de fer électrique des Tatras, qui circule de la ville thermale lacustre de Štrbské Pleso à la station de ski de Tatranská Lomnica. À Bratislava, visitez la réserve naturelle de Vydrica, une forêt aux arbres moussus et aux nombreux ruisseaux. Dans le Nord, dans les Piénines, un chemin écotouristique reliera prochainement douze sources minérales naturelles. Enfin, dans la région viticole du Sud-Est, les hébergements dans les arbres de Malá Bara offrent une expérience unique : une dégustation de tokaj, un vin liquoreux, au beau milieu des bois.

À L'EST, UNE RENAISSANCE

Outre ses vignobles, l'est de la Slovaquie compte une myriade de lieux intéressants. Dix-huit sites classés au patrimoine de l'Unesco, du colossal château de Spiš aux minuscules églises en bois du XVIIIe siècle, se trouvent à deux heures de voiture de Košice, deuxième ville du pays. Laquelle

mérite plus que jamais une visite : trente œuvres de street art embellissent les rues, grâce au projet OMG (Open Mural Gallery). Les esprits créatifs se retrouvent à la Tabačka Kulturfabrik, un établissement hybride regroupant bars, salle de concert, galerie et espaces de coworking. Non loin, dans le parc municipal, un édifice Art nouveau de 1909 a été sauvé des ruines et transformé en hôtel cinq-étoiles, la Villa Sandy. Enfin, à 110 km au nord-est de Košice, le musée d'Art moderne Andy-Warhol de Medzilaborce a été complètement rénové. Situé près du village natal des parents de Warhol, il devrait rouvrir en 2025. Une surprise de plus parmi toutes celles qui vous attendent en Slovaquie.

3 Galerie nationale slovaque, Bratislava **4** Téléphérique entre Tatranská Lomnica et le sommet du Lomnický **5** Le château de Devín domine la confluence de la Morava et du Danube

Quand partir

Les randonneurs viennent de mai à octobre ; pour les meilleures conditions, privilégiez le début ou la fin de la saison. Venez au printemps pour les jacinthes des bois et les pieds d'alouette, en septembre-octobre pour des températures plus fraîches et des couleurs automnales. En décembre, la saison de ski commence dans les Hautes Tatras, et les marchés de Noël scintillent à Bratislava et Košice.

Comment s'y rendre

Le train de nuit Nightjet circule vers Vienne (Autriche) trois fois par semaine depuis Paris et tous les jours depuis Bruxelles ; Bratislava se trouve ensuite à moins de une heure de train. Par ailleurs, vols directs de Charleroi vers Bratislava et de Londres pour Bratislava, Košice et même Poprad, porte d'accès aux Tatras.

10

Arménie

Incontournable !

1 / Les monastères inscrits au patrimoine de l'Unesco : **Gueghard**, **Haghpat** et **Sanahin**, ainsi que **Noravank**, baigné de soleil. Et le **temple de Garni**, vieux de 2 000 ans.

2 / Des plats traditionnels tels les *dolma* (feuilles de vigne fourrées au bœuf), le *ghapama* (citrouille farcie), le *lavash* (pain plat) et les *khorovadz* (brochettes de viande) de **Lavash**, à Erevan. Ou les pizzas arméniennes de **Lahmajun Gaidz**.

3 / Le **musée du Génocide arménien** à Erevan – 2025 marque le 110e anniversaire du début du génocide.

4 / Des randonnées autour de Dilidjan pour admirer les fleurs sauvages au printemps et le **monastère de Haghartsin**, joliment restauré.

Doyenne des nations chrétiennes et civilisation remontant à des milliers d'années, l'Arménie est forte d'un riche passé – et son futur ne manque pas de potentiel. Traditionnellement, un voyage dans ce pays du Caucase se concentrait sur ses magnifiques monastères. Mais il a plus à offrir. Les possibilités de randonnée sont exceptionnelles, notamment sur le nouveau sentier national arménien, et la production de vin est prometteuse, en particulier d'areni noir.

À L'ASSAUT DES CHEMINS

Peu peuplées, les montagnes et les vallées de l'Arménie sont idéales pour la randonnée, et vous trouverez toujours un joli village pour camper et dévorer des *khorovadz* (brochettes de viande). Dévoilé en 2024, le sentier national arménien (1 000 km) traverse le pays sur toute sa longueur et emprunte certaines parties du sentier transcaucasien – projet qui devrait relier l'Arménie à la Géorgie et à l'Azerbaïdjan. Utilisez l'application HikeArmenia pour identifier des tronçons de l'un ou l'autre chemin, ainsi que des itinéraires plus courts mais tout aussi époustouflants, menant à des pics couronnés de monastères. Vous pourrez aussi louer une voiture pour faire un road trip hors des sentiers battus. Si vous roulez vers le sud depuis la capitale, Erevan, vous trouverez des pistes de la route de la soie jalonnées de caravansérails (auberges), et un territoire rarement visité jusqu'au col de Megri, à la frontière iranienne. Ou gagnez les villes bordant les gigantesques gorges de la Debed, où de sympathiques gérantes de pensions vous apprendront à confectionner le *gata* (pain sucré à la crème). Les *marchroutki* (taxis collectifs) de l'époque soviétique sont une autre option si vous ne voulez pas conduire, mais en général les véhicules attendent d'être pleins pour partir.

MONASTÈRES ET AUTRES TRÉSORS

Au IVe siècle, un chrétien nommé Grégoire l'Illuminateur soigna le roi arménien Tiridate le Grand, ce qui poussa le souverain à convertir tout son royaume – qui devint la première nation chrétienne du monde. L'Arménie est aujourd'hui constellée de monastères placés sous l'égide de l'Église catholique apostolique arménienne. Mais bien d'autres trésors vous attendent. Empruntez le plus long téléphérique du monde, Les Ailes de Tatev, au-dessus d'une gorge, admirez les édifices en tuf récemment rénovés à Gumri et à Gori,

Double page précédente Aragats, magnifique volcan à quatre pics et point culminant de l'Arménie (4 095 m)
1 Erevan **2** Reliquaire dans la cathédrale-mère d'Etchmiadzine, qui contiendrait un fragment de l'arche de Noé

3

> L'Arménie est une joie grâce à sa culture foisonnante et ses paysages époustouflants. Vous pourrez déguster de délicieux *dolma*, explorer des monastères antiques et profiter de la vie nocturne, joyeuse et sûre, d'Erevan.

SIMELA NAMAVAR

/ Chanteuse de jazz

4

3 © Justin Foulkes/Lonely Planet 4 © MehmetO/Shutterstock 5 © YuliaGr/Getty Images

skiez dans la nouvelle station de sports d'hiver de Myler et survolez la place de la République d'Erevan pendant le Festival international de montgolfières. Si vous êtes friand d'architecture soviétique décatie, l'Arménie a aussi cette corde à son arc – ne manquez pas les télescopes autour de Biourakan et les entrepôts abandonnés d'Alaverdi.

DESTINATION VITICOLE

À l'époque où elle faisait partie de l'URSS, l'Arménie était chargée de distiller du brandy – auquel Churchill ne pouvait résister. Mais l'histoire du raisin arménien est bien plus ancienne. En 2007, des archéologues ont découvert des jarres de vinification datant de plus de 6 000 ans – le pays est donc l'heureux propriétaire du plus vieux vignoble du monde. Depuis, l'essor des vins arméniens et des cépages anciens a inspiré des dizaines de nouveaux producteurs, qui obtiennent d'excellents crus en mobilisant des techniques à la fois modernes et naturelles. Les vins arméniens remportent fréquemment des prix, et, en 2024, le pays a accueilli la Conférence

mondiale de l'OMT sur l'œnotourisme. Le meilleur endroit pour une dégustation est la région d'Areni – un festival du vin s'y tient en octobre, et Momik WineCube, Trinity Canyon et Old Bridge sont trois domaines exceptionnels. Vous pourrez aussi tester les bars de la rue Saryan à Erevan et profiter des journées du Vin d'Erevan (juin). Dans le Nord, près de Dilidjan, la cave à vin et à brandy Ijevan organise des visites intéressantes et vient de construire la plus grande salle de dégustation du pays et un moulin traditionnel produisant de la farine pour du *lavash*, le pain plat présent sur toutes les tables arméniennes.

3 Intérieur du monastère de Sanahin, inscrit au patrimoine de l'Unesco 4 Le *gata*, hybride entre pain et gâteau 5 Monastère de Khor Virap, juste au sud d'Erevan, au pied du mont Ararat

Quand partir

Le début de l'été est une excellente période, avec des températures agréables et Vardavar, la fête de l'eau. Un séjour en hiver se défend, grâce aux lieux culturels d'Erevan, au ski et aux spas de Djermouk.

Comment s'y rendre

La plupart des vols passent par la capitale Erevan. Les frontières terrestres sont ouvertes uniquement avec l'Iran et la Géorgie. Depuis la Géorgie, prenez le train à Tbilissi ou Batoumi pour un trajet lent mais historique.

À voir, à écouter, à lire

Les films de Sergueï Paradjanov et d'Atom Egoyan. Les chansons de Papiers d'Arménies ou le jazz métissé de Macha Gharibian. L'ouvrage *Comprendre le génocide des Arméniens* (Tallandier).

LE BEST OF DU VOYAGE 2025

TOP 10 DES VILLES

01 **Toulouse, France** / 02 **Puducherry, Inde** / 03 **Bansko, Bulgarie** / 04 **Chiang Mai, Thaïlande** / 05 **Gênes, Italie** / 06 **Pittsburgh, États-Unis** / 07 **Osaka, Japon** / 08 **Curitiba, Brésil** / 09 **Palma, Espagne** / 10 **Edmonton, Canada**

01

Toulouse,

FRANCE

Incontournable !

1 / Électro sur la péniche **Le Cri de la Mouette**, jazz au **Taquin** ou musique classique à l'**Opéra national du Capitole** – ce n'est pas pour rien que Toulouse peut se targuer du label "ville des musiques" de l'Unesco.

2 / La découverte des trésors architecturaux de la "ville rose", dont la **basilique Saint-Sernin**, de style roman, et le grandiose **Capitole**, néoclassique.

3 / Le patrimoine aéronautique au **musée Aeroscopia**, à **L'Envol des Pionniers** et dans les usines **Airbus**.

4 / Un tour dans la vieille halle du **marché Victor-Hugo** pour faire provision de produits locaux ou déjeuner d'un cassoulet à l'étage.

Des œuvres audacieuses exposées dans des bâtiments industriels réaffectés, des cafés animés, une cuisine de premier ordre et une invitation à la flânerie sur les berges ensoleillées de la Garonne et des canaux font de la "ville rose" une attrayante escapade pour un week-end. Toulouse est en plein essor, c'est donc le moment de profiter de son art de vivre.

NOUVELLE OFFRE CULTURELLE

Qu'il s'agisse d'un vol lunaire reproduisant les sensations des astronautes, à bord d'un simulateur de la Cité de l'espace, ou d'un atelier de la vieille ville qui fait revivre la technique médiévale de la teinture bleue obtenue grâce au pastel (guède), l'offre culturelle de Toulouse surprend tout autant qu'elle enchante.

À la fin de 2025, le musée des Augustins rouvrira enfin ses portes après de années de rénovation. Occupant le couvent éponyme du XIVe siècle, ce bastion des beaux-arts fondé en 1795 rassemble une collection de peintures et de sculptures allant du XIIIe au début du XXe siècle, qui sera mieux mise en valeur grâce à de nouveaux parcours de visite et qui sera également accessible aux personnes à mobilité réduite.

L'événement suit la réouverture, en 2024, de la Fondation Bemberg, hébergée dans le superbe hôtel particulier de style Renaissance construit en 1562 pour Pierre d'Assézat, un marchand qui fit fortune dans le commerce du pastel. On peut y admirer une remarquable collection de peintures, sculptures, meubles et objets d'art allant du XVe siècle à la Seconde Guerre mondiale. Parmi les autres institutions toujours à la pointe, citons les Abattoirs Musée – Frac Occitanie Toulouse, Le Château d'Eau, galerie installée dans une ancienne tour de pompage en brique, et les Espaces EDF Bazacle, à l'intérieur d'une centrale hydraulique encore en activité.

TERROIR ET TABLES CRÉATIVES

Un séjour dans le Sud-Ouest ne saurait être complet sans une dose de cuisine régionale. Toulouse joue le jeu, avec des bistrots qui servent du cassoulet fumant dans des plats en terre cuite, des marchés débordant de produits régionaux et la sainte trinité canard-saucisse-armagnac dans toutes les cuisines. Parallèlement, des chefs innovent aux Halles de la Cartoucherie, créées en 2023 dans une

Double page précédente Le couvent des Jacobins et la Garonne
1 Entrée du paisible Jardin des plantes, deux fois centenaire
2 Stalles baroques et cœur de la basilique Saint-Sernin

3

Le Minotaure, haut de 14 m une fois déployé, est l'emblème de Toulouse, ville labyrinthique avec un patrimoine historique, des projets culturels et une cuisine de premier plan.

FRANÇOIS DELAROZIÈRE
/ Directeur artistique de La Machine

4

3 © SolStock/Getty Images 4 © Tupungato/Shutterstock 5 © BestPhotoStudio/Shutterstock

fabrique de munitions reconvertie en espace de restauration, de coworking et de concert.

ÉLOGE DE LA FLÂNERIE

Ancienne place forte romaine, Toulouse fut reconstruite en brique au XVIIe siècle, d'où son surnom de "ville rose". Alors que les Toulousains attendent avec impatience la mise en service d'une troisième ligne de métro en 2028, pour les visiteurs du week-end la flânerie reste le mode de déplacement le mieux adapté à la découverte de l'âme du lieu. Il fait bon déambuler le long des berges arborées de la Garonne et de celles du canal du Midi, qui relie l'agglomération à la Méditerranée (241 km) et est prolongé vers l'Atlantique par le canal latéral à la Garonne. Perdez-vous au milieu du lacis de rues piétonnières de la vieille ville et parmi la foule estudiantine des cafés de la place du Capitole. Dans le quartier Montaudran, vous tomberez peut-être sur une ménagerie fantasque de créatures mécaniques géantes sortant de la Halle de La Machine, où

elles sont remisées entre deux spectacles – espérons que la formidable parade *Le Gardien du temple*, mise en scène dans les rues de la ville en 2018 puis en 2024 par la compagnie, sera de nouveau proposée. Dans tous les cas, prenez le temps de vous imprégner de la palette changeante des ocres des façades, sous la lumière du soleil ou au clair de lune, et de sentir le rythme de cette ville méridionale séduisante, parfois inattendue, qui reste largement ignorée des voyageurs hors de France.

3 Repas en plein air dans le parc d'un château toulousain **4** Rue du Taur, entre le Capitole et Saint-Sernin **5** Musée d'Histoire de la médecine, au bord de la Garonne

Quand partir

Au printemps, les cafés débordent sur les places, et les marchés regorgent de fraises, d'asperges et d'artichauts. De juin à septembre, on peut naviguer sur le canal ou le longer à vélo et pagayer sur la Garonne. L'été est la saison des festivals.

Comment s'y rendre

Toulouse est aisément accessible en train depuis de nombreuses villes de France. Des vols en provenance de plusieurs villes de France et d'Europe atterrissent à Blagnac, 7 km au nord-ouest du centre, d'où des bus et taxis desservent la ville.

À lire

Dans le recueil autobiographique *Terre des hommes*, Antoine de Saint-Exupéry évoque son expérience d'aviateur dans l'Aéropostale.

PY.01
AB.3655

02

Puducherry,

INDE

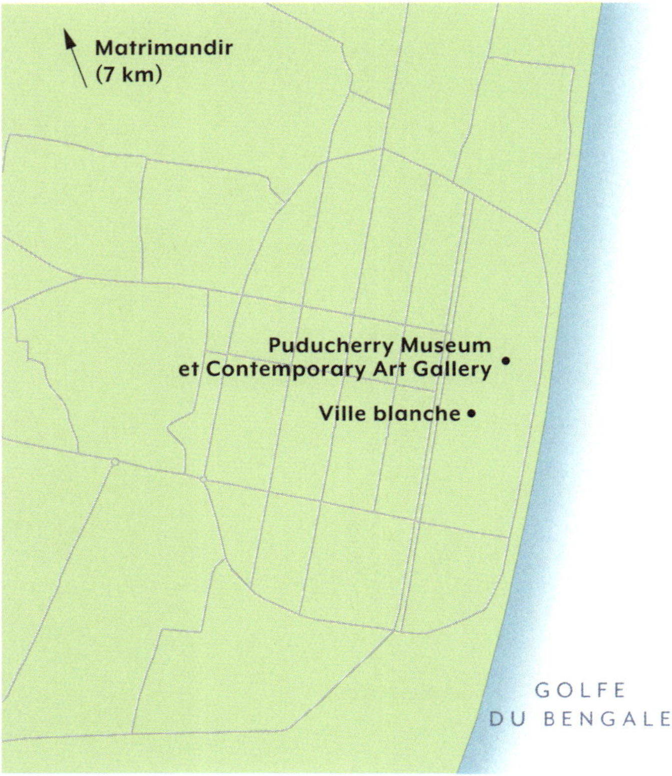

Incontournable !

1 / Une promenade à pied dans la **ville blanche** aux bâtiments pastel de la période coloniale française.

2 / Les accrochages sans cesse renouvelés de la **Puducherry Contemporary Art Gallery**, inaugurée en 2022.

3 / Les trésors de la dynastie Chola et du royaume de Vijayanagar qui côtoient les antiquités françaises au **Puducherry Museum**.

4 / La sphère dorée du **Matrimandir**, lieu de méditation de la cité d'Auroville, au nord de Puducherry.

Donnant sur le golfe du Bengale, dans l'État du Tamil Nadu, dans le sud de l'Inde, Puducherry (ex-Pondichéry) attire depuis longtemps les visiteurs pour son architecture coloniale, vestige de son statut de comptoir français jusqu'en 1954, ainsi que ses temples hindous et ses églises. Il s'agit en outre de la ville la plus proche d'Auroville, cité expérimentale spirituelle mais non religieuse, dont les résidents viennent du monde entier. Aujourd'hui, grâce à un vaste projet de récupération des plages de sable érodées par la mer, Puducherry se réinvente pour les amateurs d'activités balnéaires et de surf.

LE RETOUR DES PLAGES

Si Puducherry possède tous les atouts d'une ville côtière, il lui manquait pourtant depuis 30 ans un attribut clé : une plage digne de ce nom. Les bandes de sable qui la bordaient autrefois ont disparu au début des années 1990, effet collatéral imprévu de la construction du port en 1989. Jusqu'à récemment, les visiteurs en quête de plaisirs balnéaires devaient se rendre ailleurs ou se contenter d'arpenter la promenade de 1,2 km séparée du golfe du Bengale par une digue baptisée Rock Beach. Grâce aux efforts conjoints du gouvernement local et du Central Marine Fisheries Research Institute indien, Puducherry retrouve maintenant son rivage sablonneux, essentiellement au moyen de récifs artificiels destinés à remodeler le littoral et à attirer le poisson dans la zone, une aubaine pour les pêcheurs du cru. Si flâner le long de la promenade de Rock Beach reste une façon populaire de goûter l'atmosphère ambiante, surtout au coucher du soleil, des parcelles de plage, dont celle de New Beach, ont commencé à apparaître, et ce n'est qu'un début...

LIEUX DE SPIRITUALITÉ

Bien que la plupart des habitants de Puducherry soient hindous, la ville compte une importante population catholique, et ses églises ajoutent à sa splendeur architecturale. La plus célèbre est l'imposante cathédrale Notre-Dame de l'Immaculée-Conception (1770-1791), à la blanche façade baroque rehaussée de jaune. Tout aussi remarquable, l'église Notre-Dame des Anges (1855) présente des murs extérieurs rose pâle scandés de pilastres ioniques et une entrée surmontée d'un fronton triangulaire.

Double page précédente Quartier français de Puducherry
1 Maison coloniale, rue Romain-Rolland **2** Cathédrale Notre-Dame de l'Immaculée-Conception

Enracinée dans la culture tamoule, Puducherry n'en est pas moins cosmopolite. Le rituel millénaire du kolam y côtoie les parties de pétanque, le son des cloches des églises et les musiciens expérimentaux qui inventent leurs propres instruments.

SID SAIKIA
/ Hôtelier, Gratitude Heritage

3 © Vyas Abhishek/Shutterstock 4 © Dinodia Photo/Getty Images 5 © Soltan Frédéric/Getty Images

Dans la nef, des pilastres corinthiens supportent une voûte à caissons.

Pas besoin d'aller bien loin pour tomber sur un temple dravidien coiffé d'un *vimana* (tour protégeant le saint des saints) pyramidal et paré de statues de divinités bigarrées. Parmi les plus fréquentés figure le temple de Manakula Vinayagar, vieux de plusieurs siècles. Dédié à Ganesh, le dieu à tête d'éléphant qui élimine les obstacles, il renferme de nombreux reliefs illustrant des scènes mythologiques.

L'ashram de Sri Aurobindo, fondé en 1926 par le yogi et leader nationaliste du même nom et sa collaboratrice française Mirra Alfassa, dite "la Mère", constitue une autre attraction majeure. On y pratique le "yoga intégral" qui fait la réputation du lieu, mais les simples curieux peuvent participer à une visite guidée de 3 heures de l'ashram et des ateliers d'artisanat qui contribuent à son financement. La Mère

fut également à l'origine d'Auroville, 10 km au nord de Puducherry. Créée en 1968 comme une "cité universelle où les hommes et les femmes de tous les pays peuvent vivre dans la paix et l'harmonie au-delà de toutes les croyances, opinions politiques et nationalités", cette communauté utopiste continue d'attirer des visiteurs du monde entier. Beaucoup viennent voir le Matrimandir, un dôme géodésique ressemblant à une balle de golf dorée, qui contient une énorme sphère en verre et sert à la méditation.

3 Le Matrimandir, à Auroville **4** Offrandes lors de la fête de Masi Magam **5** Vue sur Notre-Dame des Anges et Puducherry au crépuscule

Quand partir

Puducherry connaît deux périodes de mousson, de juillet à septembre et d'octobre à décembre. Venez de préférence entre janvier et mars pour bénéficier d'un temps doux et sec.

Comment s'y rendre

Le petit aéroport de Puducherry assure quelques vols intérieurs. La plupart des touristes étrangers atterrissent à l'aéroport international de Chennai, à 145 km, et parcourent le reste du trajet en bus ou en taxi.

À lire

L'Histoire de Pi, roman fantastique de Yann Martel, se déroule en partie à Puducherry. *Auroville*, de Julien Fortin, raconte la cité vue de l'intérieur par un de ses résidents.

03

Bansko, BULGARIE

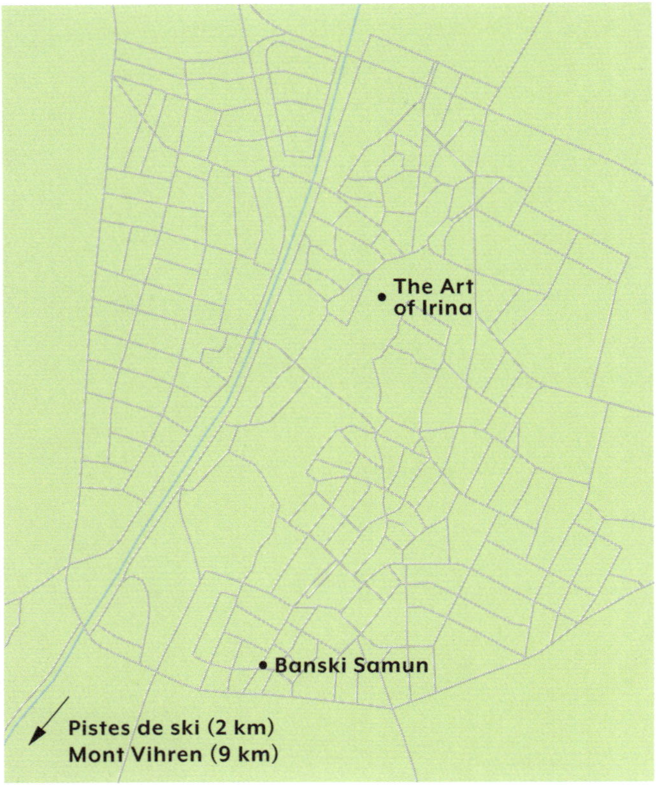

Incontournable !

1 / L'ascension du **mont Vihren** avec les locaux pour la fête du 1er matin de juillet.

2 / Une *banitsa* (feuilleté traditionnel au fromage) de la boulangerie (*pekarna*) **Banski Samun** en guise de petit-déjeuner.

3 / Les **pistes de ski**, de décembre à avril.

4 / **The Art of Irina**, la galerie de la peintre et illustratrice Irina Pandeva, dont les œuvres constituent des souvenirs uniques.

Petite ville bulgare nichée dans le majestueux massif du Pirin, Bansko est une station de ski très prisée depuis des décennies. Plus récemment, cette cité pittoresque s'est transformée en destination privilégiée des travailleurs à distance. Figurant désormais sur la carte mondiale des meilleurs points de chute pour nomades numériques, elle séduit les amateurs d'adrénaline et les professionnels indépendants de tout poil. Son image évolue rapidement et devient celle d'un paradis où l'on peut allier toute l'année travail et vacances.

ENTRE TENDANCE ET TRADITION

La magie de Bansko réside en partie dans son ambiance multiculturelle décontractée. La communauté accueillante et soudée de Bulgares, d'expatriés et de nomades numériques aide les nouveaux arrivants à trouver, dès le premier jour, des personnes partageant le même état d'esprit. Il est plus facile de nouer rapidement des liens significatifs ici que dans n'importe quelle grande ville du monde.

Grâce à cette influence internationale, de nombreux lieux ont fleuri : magasins de bière artisanale, cafés cosy, boulangeries modernes... Si on ajoute à cela le faible coût de la vie, un climat exceptionnel, le cadre naturel et une riche vie sociale, Bansko constitue une destination de choix.

En dépit de l'atmosphère cosmopolite et de la renommée récente de la ville, les fêtes bulgares traditionnelles perdurent. Janvier donne l'occasion de voir les fameux *kukeri* défiler avec leurs costumes en peau de chèvre ceinturés de cloches à bétail et leurs masques effrayants. Le 14 février, les habitants célèbrent la journée du Vin plutôt que la Saint-Valentin, et nombre de caves de la région ouvrent leurs portes. En mars, on vend partout des bracelets rouge et blanc censés apporter la chance et la santé. Pour Pâques, on décore des œufs durs et on s'affronte avec.

La tradition culinaire est aussi préservée. Entrez dans une *mehana* (taverne), et l'on vous servira des recettes ancestrales dans un cadre authentique. Parmi les spécialités du coin, citons le *kapama* (choucroute garnie de viande), le *banski starets* (saucisse sèche au paprika) et le *banski chomlek* (ragoût de veau aux pommes de terre).

ACTIVITÉS ET FESTIVALS À FOISON

Ne vous fiez pas à sa taille modeste (9 000 habitants), car Bansko offre un large éventail d'activités et d'événements quelle que soit la saison. Du ski et

Double page précédente Vue aérienne de Bansko **1** Mont Vihren, dans le massif du Pirin **2** *Mehana* (taverne) typique

1

2

Double page précédente © Алексей Облов/Getty Images **1** © stoyanh/Shutterstock **2** © Natalya Nazarova/Shutterstock

3

> Nous aimons que Bansko ait l'air d'un village en pleine nature mais abrite une grande diversité de personnes. On croise dans la rue une *baba* (grand-mère), une famille bulgare, des étudiants étrangers et des nomades.

ANNE ET CHRISTIAN

/ Expatriés français, patrons du café-boulangerie The French Guy

4

3 © Maya Karkalicheva/Getty Images 4 © MstudioG/Shutterstock 5 © Maya Karkalicheva/Getty Images

du snowboard au VTT en passant par le trekking et l'alpinisme, l'endroit est un régal pour les amateurs de plein air. Et les habitants le savent bien. Depuis des années, la municipalité organise des festivals et d'autres manifestations en lien avec la montagne afin que la ville reste fréquentée toute l'année.

Le Bansko Film Fest, par exemple, réunit sur une même scène des alpinistes de réputation mondiale et des réalisateurs de films d'aventure pour présenter leur travail. Le Bansko Jazz Festival, quant à lui, propose des concerts en plein air. Sans oublier des festivals d'opéra et de rock, pour ne citer que quelques temps forts d'un calendrier bien rempli.

L'essor du nomadisme numérique a conduit à la création du Bansko Nomad Fest, rendez-vous de centaines de free-lances, de travailleurs à distance et d'entrepreneurs qui célèbrent le mode de vie indépendant et partagent leurs expériences. Il s'agit de l'un des plus grands événements du genre, avec un programme d'une semaine comprenant des ateliers, des conférences, des rencontres de réseautage, des randonnées, des fêtes, etc.

UN AVANT-GOÛT DES BALKANS

Si Bansko accueille des étrangers depuis longtemps, ce sont ses habitants qui font son attrait. Une fois brisée leur réserve initiale, vous découvrirez la véritable essence de l'hospitalité bulgare. Et n'oubliez pas que cette ville pleine de charme n'est qu'une des innombrables merveilles que recèlent les Balkans. Considérez-la comme une invitation à explorer la région.

3 Parapente dans le massif du Pirin **4** Centre de Bansko sur fond de montagnes **5** Randonneur dans le paysage spectaculaire autour de Bansko

Quand partir

Profitez des sports d'hiver en mars-avril, quand la ville est plus calme. La période de juin à septembre rime avec festivals en plein air, activités culturelles et sports d'aventure.

Comment s'y rendre

Bansko est facilement accessible en bus depuis l'aéroport ou la gare routière centrale de Sofia. Sinon, on peut louer une voiture à l'aéroport pour parcourir les 2 heures de route.

04

Chiang Mai,
THAÏLANDE

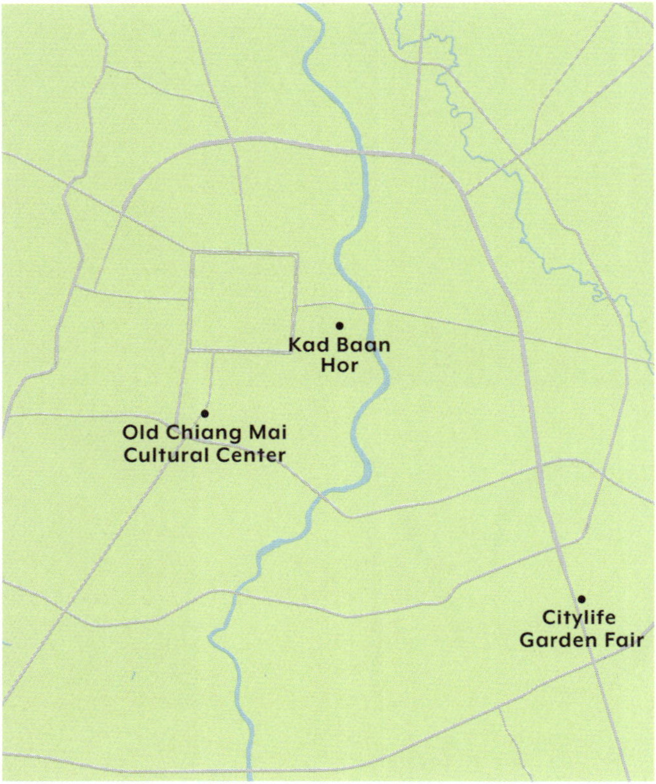

Incontournable !

1 / Le **Chiang Mai Food Festival**, qui célèbre, en janvier, le meilleur de la cuisine locale.

2 / Le **Citylife Garden Fair**, des stands de restauration et une vente aux enchères dans un parc pour collecter des fonds.

3 / Le marché **Kad Baan Hor** du vendredi matin, où les musulmans yunnanais et les minorités ethniques vendent une nourriture que l'on ne trouve qu'ici.

4 / Un dîner-spectacle *khantoke*, avec plats à volonté, à l'**Old Chiang Mai Cultural Center**.

Des salutations où le "bonjour" devient un "avez-vous déjà mangé ?" aux débats nationaux enflammés sur le type de légume qui convient dans un sauté au basilic sacré, la cuisine thaïlandaise ne se résume pas aux épices et au lait de coco. À Chiang Mai, l'amour du pays pour les saveurs uniques atteint des sommets. Bien qu'il existe des circuits gastronomiques organisés, créer son propre parcours culinaire, des modestes étals de marché aux restaurants de haut vol, se révèle bien plus satisfaisant sur les plans culturel et gustatif.

UN TOUR AU MARCHÉ

La meilleure façon de découvrir la cuisine thaïlandaise est de se rendre à sa source : le marché. Si les produits bruts occupent l'essentiel des étals, il existe cependant quelques endroits pour bien débuter son initiation. Kad Luang, aussi connu sous le nom de Warorot, est le plus grand et le plus ancien marché de Chiang Mai, qui remonte à la fondation de la ville en 1296. Le rez-de-chaussée de la halle principale regroupe les stands de nourriture, avec une profusion de spécialités du nord du pays comme les *sai oua* (saucisses épicées), la couenne de porc croustillante et les sauces au piment. Dam Rong a la faveur des habitants pour ces délices. Côté desserts, les douceurs au lait de coco et au pandan de Thai Sweets under the Stairs aident à apaiser le feu des épices.

SPÉCIALITÉS DU NORD

Au fur et à mesure de votre immersion, la robuste cuisine du Nord devrait occuper le devant de la scène. Le restaurant Han Thueng Chiang Mai, une institution locale récompensée par un Bib gourmand du guide Michelin, sert des recettes authentiques, aussi audacieuses que pimentées. Si vous vous sentez d'humeur aventureuse, tentez l'omelette aux œufs de fourmis et les plats du jour à base de produits de la jungle. Tong Tem Toh, dans Nimmanhaemin Road, propose une assiette de hors-d'œuvre parfaite pour les novices, tandis que Huan Soontaree, au bord de la rivière Ping, offre chaque soir une expérience culinaire inoubliable assortie d'un concert de la célèbre chanteuse Soontaree Vechanont.

Le savoureux *khao soi,* des nouilles dans un bouillon au curry et au lait de coco, est sans doute la spécialité la plus emblématique de Chiang Mai, récemment désignée meilleure soupe du monde par le guide en ligne *TasteAtlas*. Pour la version

Double page précédente Escalier aux nagas du Wat Phra That Doi Suthep **1** Stands de cuisine de rue à Chiang Mai **2** Spécialités du nord de la Thaïlande

Double page précédente © Javier Dall/Getty Images **1** © simonlong/Getty Images **2** © Wipawansr/Shutterstock

1

2

Le *lâhp* (salade de viande crue) du Nord comprend du cumin, du sang et de la bile. Menacé de disparition, il est devenu le plat préféré des ados affamés. Goûtez-le chez Laab Bunker ou Laap Duang Dee Mee Suk.

GOVIT THATARAT
/ Fondateur de *Review Chiang Mai*

3

3 © enviromantic/Getty Images

originale, direction le fameux Khao Soi Lung Prakit Kad Kom. Sinon, Khao Soi Nimman décline toutes sortes de garnitures alternatives qui titilleront vos papilles.

Chiang Mai est aussi l'endroit idéal pour goûter à la véritable cuisine birmane et shan. The Swan Burmese Cuisine est probablement la table la plus réputée, mais la restauration légère du Free Bird Cafe permet de se régaler tout en soutenant les réfugiés birmans. Enfin, Payod Shan Food prépare une nourriture à la fois ethnique et végane.

TABLES GASTRONOMIQUES

La ville compte aussi des adresses recommandées par le guide Michelin. Au Blackitch Artisan Kitchen, vous pourrez faire un repas remarquable comprenant dix plats fusion d'inspiration thaïlandaise, japonaise et chinoise à base de produits issus de l'agriculture durable. Loin, pour sa part, allie cuisine thaïlandaise de haut niveau et présentation artistique. Enfin, les menus

LES MEILLEURS
Spots culinaires

1 / **Blackitch Artisan Kitchen** Menus dégustation aux accents panasiatiques réalisés avec des ingrédients de provenance locale.

2 / **Mont Nom Sod** En activité depuis 1964, "Lait & Toast" est la référence en matière de tartines sucrées.

3 / **Laab Bunker** Réputé pour ses salades de viande crue et ses abats au barbecue façon tapas.

4 / **Beef Satay under Ton Khoi** Des brochettes de bœuf à la sauce aux cacahuètes, que les clients dévorent assis sur de petits tabourets sur le trottoir.

5 / **Gob Oua Sansai** Des grenouilles farcies de chair à saucisse relevée, cuites au grill à la perfection.

du Cuisine de Garden expriment toute la créativité du chef Rinnameth Thaisuchart.

Pour varier les plaisirs, vous trouverez aussi de copieux plats américains au Dinky's BBQ et des mets japonais dans l'un des quelque 100 restaurants nippons de Chiang Mai. Que vous soyez un gourmet chevronné ou seulement un voyageur curieux, le paysage culinaire a de quoi faire saliver à chaque coin de rue.

3 Repas à Chiang Mai **4** Le Wat Lok Moli décoré pour Loi Krathong (fête des Lumières), en novembre **5** Lâcher de lanternes au Wat Phan Tao à l'occasion de Loi Krathong

Comment s'y rendre

Située dans le nord de la Thaïlande, Chiang Mai n'est qu'à 1 heure de vol de Bangkok, mais les voyageurs à petit budget peuvent s'y rendre en bus ou en train (8-10 heures). Le meilleur de l'offre culinaire se concentre dans les secteurs de la vieille ville et de Nimmanhaemin Road. Ailleurs, les choses sont plus aléatoires. Pour ceux qui souhaitent aller au-delà de la seule dégustation, la Thai Farm Cooking School dispense des cours de cuisine de la région, et la Thai Akha Cooking School enseigne comment préparer des plats akha à partir de produits de la jungle.

05

Gênes,

ITALIE

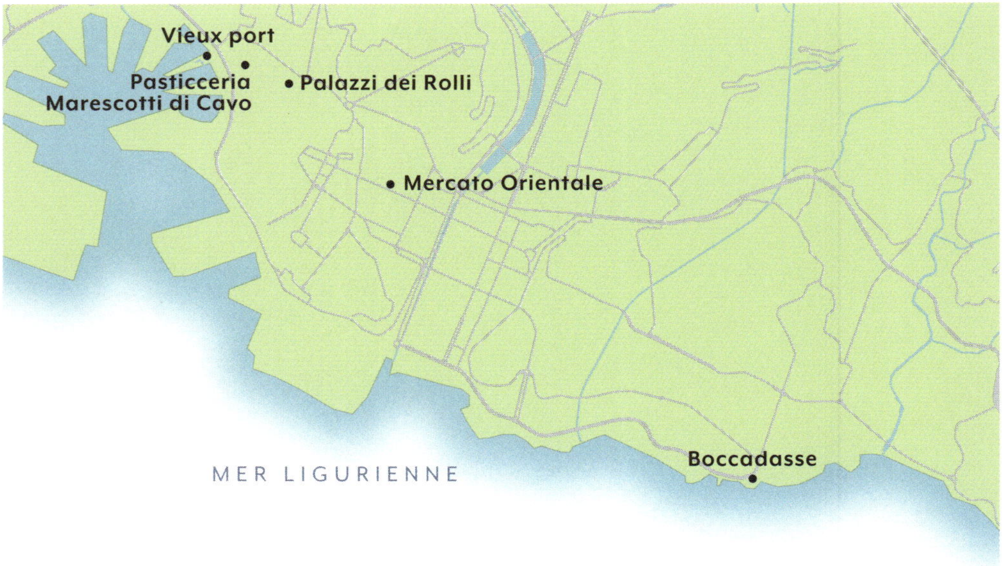

À l'instar de toutes les grandes villes portuaires, Gênes est un monde en soi. Sise dans la partie nord de la péninsule italienne, la vibrante capitale de la Ligurie se tient sur une portion accidentée, presque inhospitalière, de la côte méditerranéenne. Ceux qui la connaissent bien gardent jalousement le secret, craignant qu'une plus grande notoriété ne lui fasse perdre son charme. Mais une cité capable de monter une flotte puissante, d'amasser des richesses inouïes et de transformer le basilic en pesto mérite tous les honneurs. Comme d'être votre prochaine destination.

UNE CITÉ QUI SE RÉINVENTE

À une époque où beaucoup cherchent à allier voyage et développement durable, Gênes représente un exemple unique de ce qui peut être fait quand on décide de marier l'ancien et le nouveau de manière créative.

Incontournable !

1 / Une balade dans le dédale de *caruggi* (ruelles) pour saisir l'âme de la ville et admirer les somptueux **Palazzi dei Rolli**.

2 / Les innombrables recettes de pesto, délicieuses avec les *trofie* (pâtes fuselées) et la focaccia, en vente au **Mercato Orientale**.

3 / L'aquarium et la Biosphère dans le **vieux port** (Porto Antico).

4 / Un café matinal à la **Pasticceria Marescotti di Cavo**, sur la Via di Fossatello.

5 / Une promenade à pied le long de la côte jusqu'au quartier de **Boccadasse**, évoquant les Cinque Terre.

Abritant le premier port d'Italie et l'un des plus importants de Méditerranée, la ville est depuis longtemps familière des croisiéristes et des plaisanciers. Mais lorsque la pandémie de Covid-19 a restreint les déplacements, les Italiens sont devenus la principale source de revenus de l'industrie touristique, ce qui a obligé à repenser l'offre. Dans ce contexte, l'Union européenne a financé le programme Tourism Friendly Cities, un dialogue entre les populations, les visiteurs et les entreprises du secteur pour trouver une alternative au tourisme de masse dans des villes de taille moyenne.

À Gênes, cela s'est traduit par des projet comme le Waterfront di Levante, une zone résidentielle et commerciale proche de l'impact zéro, conçue par le célèbre architecte génois Renzo Piano, qui avait déjà réhabilité la zone du Porto Antico. La numérisation a également été rapide : le Genova City Pass donne accès à tous les musées et attractions de la ville via une application mobile gratuite, et BlueMed permet aux travailleurs nomades de bénéficier d'un accès Internet à haut débit. Ajoutez à cela des travaux de rénovation urbaine et un aquarium déjà prisé, et vous obtiendrez le lieu parfait pour une pause.

UN CENTRE PITTORESQUE

Fruit de la topographie et de l'histoire, le vieux Gênes est parcouru par un lacis de *caruggi*, ruelles tortueuses qui mènent souvent à des trésors cachés dignes de Florence ou de Rome. Grâce à des investissements privés, les Palazzi dei Rolli,

Double page précédente Maisons colorées de l'ancien village de pêcheurs de Boccadasse **1** Via Garibaldi, dans le vieux Gênes **2** Intérieur de la Cattedrale di San Lorenzo

3

> Gênes a quelque chose de spécial. Comme beaucoup de familles, nous sommes partis à l'étranger en quête de nouvelles opportunités avant de réaliser que tout ce dont nous avions besoin se trouvait chez nous.

CAROLINA
/ Cheffe pâtissière

4

3 © Bruce Yuanyue Bi/Getty Images 4 © fornStudio/Shutterstock 5 © trabantos/Shutterstock 6 © francesco ricca iacomino/Getty Images

une série de palais inscrits au patrimoine mondial de l'Unesco qui accueillaient jadis les hôtes de marque de la République génoise, ont été convertis en hôtels de charme, en galeries chics et en musées immersifs. Déambuler dans le dédale urbain est une expérience enivrante, pleine d'odeurs et de sons qui résonnent entre les épais murs de pierre. La ville s'inscrit dans le temps sans pour autant en être prisonnière.

Côté cuisine, Gênes s'adresse non seulement aux amateurs de bonne chère mais aussi aux spécialistes. Si vous prévoyez un séjour au début du printemps, ne manquez pas d'acheter un billet pour assister au Pesto World Championship. Autrement, vous pourrez toujours faire le plein de focaccias et de raviolis au Mercato Orientale, le ventre de la ville, dont la halle de 1899 résonne du bruit des discussions en dialecte ligure.

UNE VILLE MIEUX DESSERVIE

Le relief montagneux a toujours impliqué de longs trajets en voiture ou en train pour rallier Gênes depuis le reste de l'Italie. Avec la ligne ferroviaire à grande vitesse Terzo Valico dei Giovi, qui devrait être achevée en 2026 (et peut-être en partie opérationnelle avant), elle sera alors aisément accessible au départ

5

6

de Turin et du Piémont. La municipalité prévoit en outre la mise en place d'un réseau de transports électriques d'ici à la mi-2025 et l'aménagement de 70 km de pistes cyclables.

Bien que les liaisons à grande vitesse avec Rome et Milan demeurent encore une perspective lointaine, Gênes devient plus facile d'accès pour de courts séjours et constitue une excellente base pour explorer les Cinque Terre et Portofino ou, moins couru, l'arrière-pays.

3 Foccacias **4** Stand de fromages et de charcuterie au Mercato Orientale **5** Cour du Palazzo Doria-Tursi, qui fait partie des Musei di Strada Nuova **6** Manarola, village des Cinque Terre

Quand partir

Gênes resplendit du printemps à l'automne et connaît des étés torrides. Si vous prévoyez de naviguer le long de la côte ligurienne en mars, avril ou octobre, des grains pourraient bien venir perturber vos plans.

Comment s'y rendre

Des trains régionaux partent de Rome (5 heures 30) et de Milan (2 heures) toute la journée, et le trajet coûte moins de 20 €. L'aéroport de Gênes accueille des vols depuis/vers plusieurs villes d'Europe.

06

Pittsburgh,
ÉTATS-UNIS

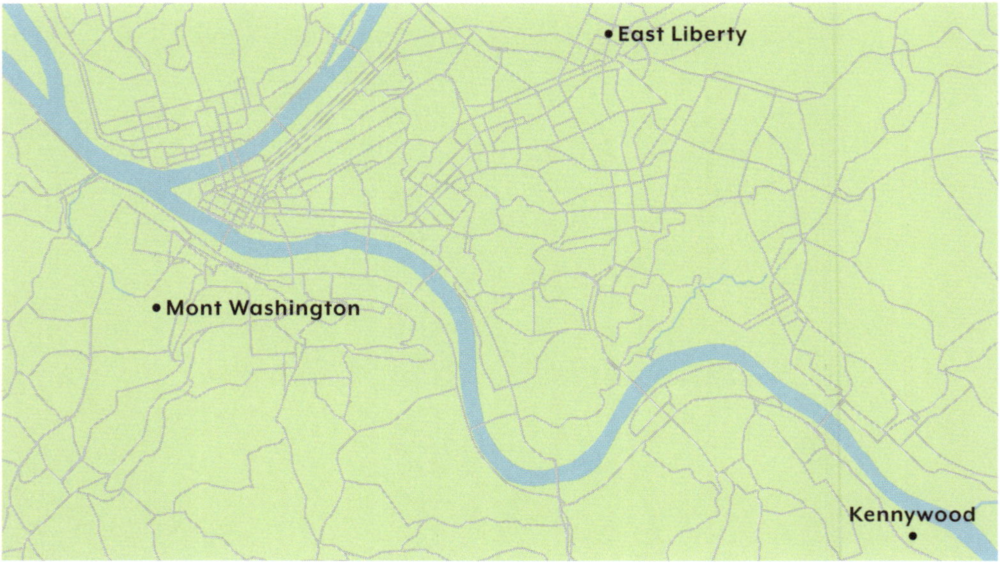

Caractérisée par un relief escarpé à la confluence de trois rivières et une histoire marquée par l'industrie et l'immigration, Pittsburgh a connu maintes renaissances. Surmontant la crise de l'acier, elle a su se réinventer grâce à un dynamisme sans faille pour se reconvertir avec succès dans la technologie, l'éducation et la santé. Son élan actuel apporte une vague de nouveautés qui se greffe à l'héritage culturel existant. Mais si une floraison de bars et de restaurants des plus tendance côtoie désormais les quartiers ethniques et le musée dédié à Andy Warhol, l'enfant du pays, Pittsburgh n'en demeure pas moins une ville abordable, au charme discret et authentique.

Incontournable !

1 / Un super cocktail ou une pizza cuite au four à bois chez Lorelei, dans le quartier émergent d'**East Liberty**.

2 / Les montagnes russes en bois centenaire de **Kennywood**, un parc d'attractions historique à 20 minutes du centre.

3 / L'ascension du **mont Washington** à bord du Duquesne Incline, un funiculaire de 1877, pour contempler le panorama sur la ville à la confluence de trois rivières et profiter des restaurants installés au sommet.

LAWRENCEVILLE, BRANCHÉ

Le long de la rive sud de l'Allegheny, à 10 minutes en voiture au nord-est du centre, cet ancien quartier industriel est depuis dix ans la destination à la mode incontournable de Pittsburgh. Le réaménagement du corridor de Butler Street – divisé en Upper, Central et Lower Lawrenceville – en a fait une zone facilement praticable à pied, qui abrite des boutiques, des cafés, des brasseries et des restaurants indépendants pour toutes les bourses.

En raison de sa position fluviale, Lawrenceville fut d'abord un arsenal important durant la guerre de Sécession, puis un centre de production de fer et d'acier au cours du XXe siècle, avant d'être victime de la récession économique qui toucha de nombreux coins de Pennsylvanie avec le déclin de la sidérurgie.

Actuellement, son renouveau teinté de modernité tendance et de sophistication accessible n'échappe pas au sempiternel débat sur la gentrification urbaine.

Quoi qu'il en soit, la croissance fulgurante du quartier et son succès auprès de la population sont indéniables. Un public nombreux fréquente les lieux à l'origine de son attrait culturel, dont les scènes musicales du Spirit et du Thunderbird Café, le Row House Cinema, les galeries d'art et le Clemente Museum (sur réservation), dans une ancienne caserne de pompiers, qui rend hommage au célèbre joueur de baseball

Double page précédente Confluence de l'Allegheny et de la Monongahela vue depuis le Duquesne Incline
1 Fort Pitt Bridge et la Monongahela vus du mont Washington
2 Façade du musée d'art Randyland, dans le quartier historique des Mexican War Streets

3

C'est une ville abordable, donc accessible à un bel éventail de gens – petits entrepreneurs, artistes, patrons de start-up, restaurateurs... – et c'est la raison de son dynamisme.

PETE KURZWEG

/ Patron de Lorelei, d'Independent Brewing et de Hidden Harbor

4

3 © bgwalker/Getty Images 4 © PaulMcKinnon/Getty Images 5 © Althom/Getty Images

des Pirates de Pittsburgh, Roberto Clemente, et à l'héritage sportif de la ville.

THE STRIP, COSMOPOLITE

Sis à un pâté de maisons du centre de Pittsburgh, le Strip District ("The Strip") est un quartier convivial, turbulent et terre à terre de 1,2 km^2 qui a depuis longtemps la faveur des habitants pour son riche mélange de populations et de commerces évoquant les origines pauvres et laborieuses d'une ville qui fut un foyer d'immigration.

En suivant Penn Avenue vers le nord-est depuis le Heinz History Museum, ode au passé local, on peut consacrer une agréable demi-journée à la découverte du secteur. Les épiceries fines italiennes et les magasins d'alimentation asiatiques y voisinent avec des stands de rue vendant toutes sortes de chose, des *pierogi* polonais aux t-shirts du club de football local, les Steelers. Arrêtez-vous à la première enseigne de Primanti Brothers, fondée en 1933, pour acheter le fameux sandwich de la maison, garni de viande, de fromage,de coleslaw et de frites, ou rendez-vous au Terminal, un ancien entrepôt converti en halle de restauration.

Même durant l'hiver, glacial, l'atmosphère décontractée du Strip draine une foule enjouée le week-end.

LA SILHOUETTE DES THREE SISTERS

Les "Trois Sœurs" sont des ponts suspendus jumeaux à hauteur de Sixth Street, Seventh Street et Ninth Street, qui portent respectivement les noms de Roberto Clemente, d'Andy Warhol et de la biologiste marine Rachel Carson, enfants chéris de Pittsburgh. Construits à la fin des années 1920, ils relient le centre-ville à North Side, de l'autre côté de la rivière Allegheny. Leur silhouette jaune fait partie des traits emblématiques du paysage urbain.

3 Butler Street, principal axe commercial de Lawrenceville **4** Le musée Andy-Warhol **5** Autre vue de Pittsburgh depuis le mont Washington

Quand partir

Les hivers de Pittsburgh peuvent être rudes, en particulier le long des rivières, mais les assiettes de *pierogi* maison aident à combattre le froid. L'été se traduit par une végétation luxuriante et une chaleur souvent chargée d'humidité, qui donne envie d'étancher sa soif avec une bière artisanale bien fraîche. Le printemps et l'automne ont des températures changeantes plus supportables, et le second teinte les feuillages de couleurs flamboyantes.

Comment s'y rendre

L'aéroport international de Pittsburgh se trouve à 20 minutes du centre. Il s'agit aussi d'une destination privilégiée pour un *road trip*, à 5-6 heures de la côte est, et d'une étape intéressante quand on traverse le Midwest.

07

Osaka,
JAPON

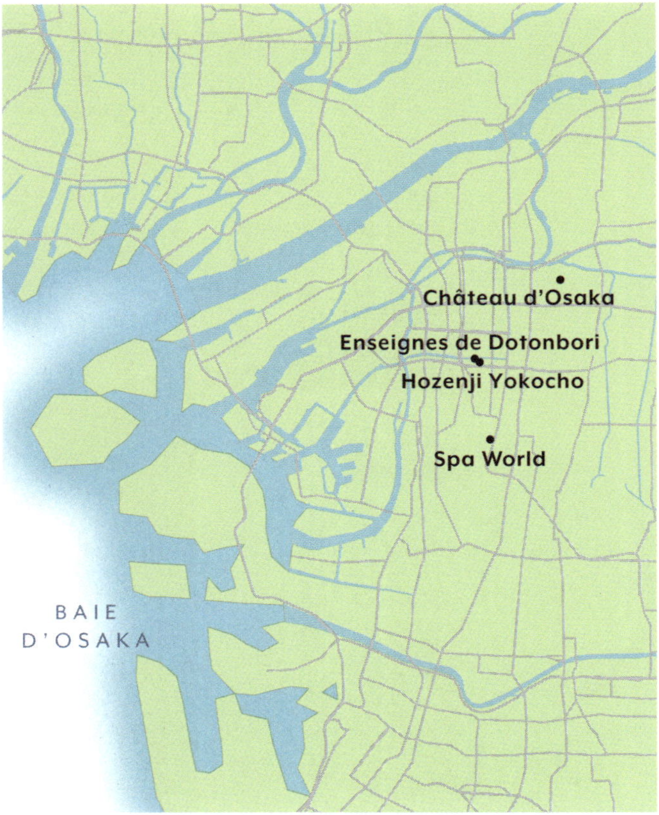

Incontournable !

1 / La concentration très photogénique des grandes **enseignes de Dotonbori**, lumineuses et multicolores.

2 / La jolie **Hozenji Yokocho**, une ruelle pavée évoquant le Japon d'antan, qui abrite le temple Hozenji ainsi que des petits restaurants et cafés.

3 / Le majestueux **château d'Osaka**, une forteresse du XVIe siècle reconstruite dans les années 1930, qui abrite un excellent musée.

4 / **Spa World**, un parc d'attractions un peu kitsch sur le thème de l'*onsen* (bain japonais).

Avec ses quartiers parés de néons, la troisième ville du Japon brille littéralement et se démarque à plus d'un titre. Cet ancien port marchand est connu pour être un foyer artistique d'avant-garde, un haut lieu de la vie nocturne à la scène musicale et LGBTQI+ florissante et un paradis gastronomique aux saveurs variées qui fait la part belle à la cuisine de rue. On ne court jamais le risque de s'y ennuyer, encore moins à l'occasion de l'Exposition universelle 2025, grâce à laquelle la troisième ville du Japon pourra déployer ses nombreux talents.

L'EXPO 2025

Il semble tout à fait logique que l'Exposition universelle, grande vitrine mondiale de l'innovation technique, scientifique, industrielle, artistique et architecturale, se tienne pour la deuxième fois à Osaka, une des métropoles les plus ouvertes d'esprit et les plus dynamiques de l'archipel nippon. Aucune autre ville du pays n'a eu cet honneur insigne. Et l'édition de 1970 avait enregistré le record de fréquentation du XXe siècle. On peut toujours visiter son symbole, la curieuse tour du Soleil, dans le parc commémoratif de l'Exposition, avant d'aller voir le nouveau site, l'île artificielle de Yumeshima, anciennement destinée au déchargement des porte-conteneurs. Intitulée "Concevoir la société du futur, imaginer notre vie de demain", l'événement se déroulera du 13 avril au 13 octobre 2025. Il promet d'être inspirant et, bien sûr, socialement responsable, en invitant le public du monde entier à interagir pendant et après au sein du "laboratoire vivant des peuples". Et, comme il est de règle, les halles et pavillons conçus par des architectes de pointe feront sans doute forte impression.

LE PARADIS CULINAIRE DU JAPON

Osaka a la réputation, bien méritée, d'être un eldorado pour les amateurs de bonne chère. Deux délicieuses spécialités japonaises en sont originaires : l'*okonomiyaki*, sorte de crêpe-omelette intégrant des couches d'ingrédients divers (légumes, viande, fruits de mer) cuite sur une plaque chauffante, et les *takoyaki*, des boulettes de pâte farcies de poulpe émincé, d'oignon et de gingembre. Ici, contrairement à d'autres villes du pays, on trouve facilement des versions végétariennes, véganes et halal des plats emblématiques. Essayez par exemple

Double page précédente Château d'Osaka à la saison des cerisiers en fleur (*hanami*) **1** Illuminations dans la baie d'Osaka **2** *Takoyaki* (boulettes au poulpe) vendus dans la rue

1

2

Double page précédente © Shutterfong/Shutterstock **1** © wichianduangsri/Getty Images **2** © Suttipong Sutiratanachai/Getty Images

3

> L'aspect le plus caractéristique d'Osaka est sa population, sympathique, accueillante et pleine d'humour, qui glisse toujours quelques plaisanteries dans la conversation.

JONATHAN LUCAS

/ Spécialiste de la promotion du tourisme d'affaires, Osaka Mice

4

3 © Nikada/Getty Images 4 © dryadphotos/Shutterstock 5 © NU sniper/Shutterstock 6 © Toeizuza Thailand/Shutterstock

Oko, qui vient juste de s'agrandir et sert d'excellents *okonomiyaki* et *takoyaki* végans, les seconds également proposés sans gluten. Genji-soba prépare quant à lui les meilleurs *soba* et ramens végétariens, végans et sans gluten. La scène gastronomique d'Osaka n'est pas passée inaperçue, puisque le premier *food hall* Time Out Market d'Asie va ouvrir ses portes dans le parc Umekita, récemment réaménagé, à quelques centaines de mètres au nord-ouest de la gare ferroviaire.

À LA POINTE DE L'ART

Le musée des Beaux-Arts de la ville d'Osaka, le musée d'Histoire naturelle, le musée des Céramiques orientales, le musée des Sciences, le musée d'Histoire d'Osaka et le musée d'Art de Nakanoshima se sont associés pour présenter au public en 2025 la vaste exposition "Osaka-Haku" rassemblant les artefacts qui illustrent le mieux l'histoire et l'identité culturelle de la ville. Chacun d'eux a sélectionné 20 "trésors d'Osaka" d'hier et d'aujourd'hui,

5

6

collectés et transmis de génération en génération. Parallèlement à ces institutions vénérables, de nouvelles petites galeries continuent d'ouvrir, donnant aux artistes plasticiens l'opportunité de montrer leur travail. Le street art a également le vent en poupe, et les muralistes, comme ceux du collectif local Wall Share, contribuent à l'aménagement du paysage urbain.

3 Tour d'observation Tsutenkaku, quartier de Shinsekai **4** *Onsen* (bain japonais) traditionnel **5** Parc Meiji no Mori Mino en automne **6** Statue de Fudo Myo-o, temple Hozenji

Quand partir

La saison des cerisiers en fleur (*hanami*), de fin mars à début mai, attire beaucoup de monde. Halloween est célébré à Osaka d'une manière très festive.

Comment s'y rendre

Osaka possède deux aéroports assurant des vols directs depuis/vers l'Asie. Depuis Tokyo, le Shinkansen (train à grande vitesse) rallie Osaka en 2 heures 30.

08

Curitiba,
BRÉSIL

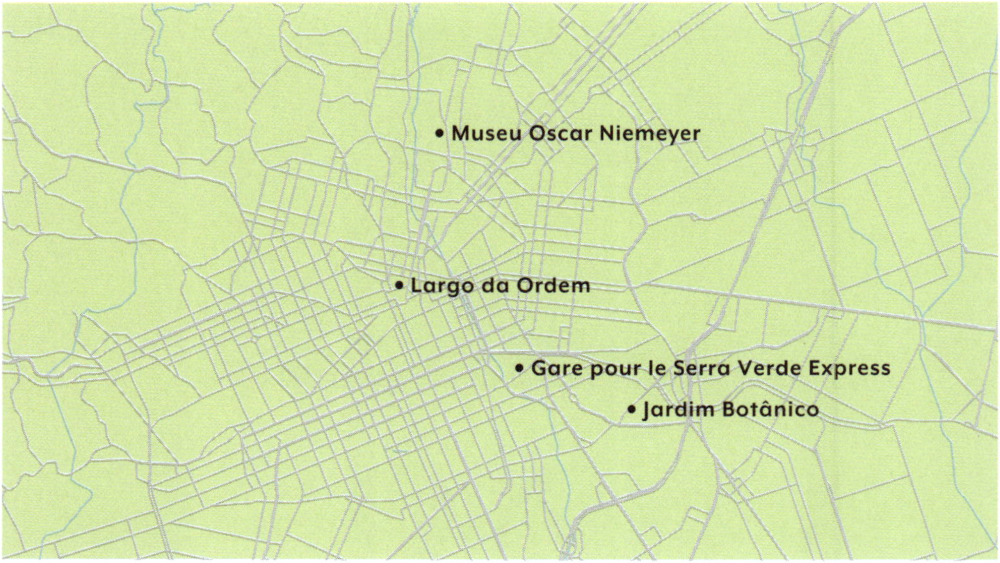

Pionnière en matière d'urbanisme et de développement durable, cette métropole de l'État du Paraná célèbre pour son esprit progressiste pourrait bien vous rendre plus optimiste en matière de lutte contre le changement climatique. Si ses racines vertes remontent aux années 1970, les initiatives en cours continuent d'inspirer le changement : une pyramide solaire sur une ancienne décharge, des jardins mellifères et un dispositif de vélopartage.

DES TRANSPORTS ÉLECTRIQUES

Un des vingt membres fondateurs du réseau mondial des villes C40 (une alliance de quatre-vingt-seize maires engagés dans la lutte contre le changement climatique), Curitiba s'inscrit depuis longtemps à l'avant-garde de la planification urbaine et sert régulièrement de lieu d'expérimentation pour de nouveaux projets environnementaux. Son système BRT (Bus Rapid Transit),

Incontournable !

1 / Le **Museu Oscar Niemeyer**, bâtiment futuriste consacré à l'œuvre du grand architecte brésilien éponyme et à l'art contemporain.

2 / Le **Jardim Botânico**, un havre de verdure à la française émaillé de sculptures, de pièces d'eau et d'une belle serre de style Art nouveau.

3 / Le **Largo da Ordem**, cœur historique de Curitiba, dont les rues pavées sont bordées d'édifices coloniaux des XVIIIe et XIXe siècles.

4 / Le trajet à bord du train **Serra Verde Express** qui va de Curitiba à Morretes en traversant de superbes paysages de montagne et de forêt tropicale.

qui utilise des véhicules articulés et des stations tubulaires de l'ère spatiale dans toute la zone métropolitaine, a été copié dans plus de cent cinquante villes. Des bus hybrides ont été introduits au début des années 2010, et les deux premiers bus 100% électriques d'Amérique du Sud ont été testés en 2023. Quelques soixante-dix autres vont bientôt rejoindre la flotte, dont un tiers devrait être électrifiée d'ici à 2030.

En 2023, Curitiba a également mis en place un dispositif de vélopartage doté d'un parc de 500 bicyclettes, pour moitié électriques. Celles-ci peuvent être empruntées à l'aide d'un QR Code et d'une application mobile, et rapidement rechargées dans des stations modernes. L'objectif de la municipalité pour 2025 est de faire passer la longueur du réseau des pistes cyclables qui sillonnent le centre et ses environs de 250 à 400 km.

DES PARCS ÉCOLOGIQUES

Curitiba a pour point fort un nombre impressionnant d'espaces verts, quarante-huit très exactement, répartis dans toute la ville. Ils ne sont pas seulement beaux mais aussi intelligemment pensés. Un des plus grands, le Parque Barigui, fournit ses équipements en électricité grâce à une petite centrale hydraulique alimentée par une cascade et un lac artificiels. D'autres pourraient bientôt suivre son exemple.

Le Parque Barigui et d'autres lieux contribuent également à la mise en œuvre d'un projet de jardins mellifères destinés

Double page précédente Le Parque Tanguá, un des quarante-huit parcs de Curitiba **1** Le musée Oscar-Niemeyer **2** Le *Serra Verde Express*

1

2

> Curitiba ne cesse d'innover et d'entretenir l'existant. Les touristes ne se contentent pas de visiter des sites, ils font véritablement l'expérience de la vie locale.

TISA KASTRUP
/ Communication et conservation, Turismo Curitiba

3 © Hiroshi Higuchi/Getty Images 4 © Rebeca Mello/Getty Images 5 © Yes Drone/Shutterstock

à préserver les populations d'abeilles indigènes et à stimuler par la suite la productivité des fermes urbaines en plein essor. Des espèces flamboyantes comme la sauge écarlate, les hydrangeas et le jasmin primevère sont plantées pour attirer les insectes en association avec d'autres espèces. Le dynamique maire de Curitiba, Rafael Greca, s'est engagé à planter 100 000 arbres par an. Les places du centre traduisent bien cet engouement végétal : la Praça d'Osorio, à l'extrémité ouest de la rue piétonnière Calçadão da XV, ressemble à une parcelle d'Amazonie, tandis que la Praça Santos Andrade, à l'est, a tout d'un jardin à la française.

GASTRONOMIE VERTE À L'HONNEUR

En dehors des jardins mellifères, le soutien de Curitiba à l'agriculture urbaine comprend aussi de nombreux jardins communautaires très productifs, issus de la récupération de terres dégradées, qui entretiennent désormais des relations privilégiées avec

des restaurateurs locaux. Manu, la table numéro un de la ville, a remporté en 2023 le prix Flor de Caña du restaurant durable pour son approvisionnement éthique et son travail social. L'établissement coopère étroitement avec des pêcheurs de la région, possède des ruches et monte des ateliers de sensibilisation au gaspillage alimentaire et à la bonne utilisation des légumes. Il est dirigé par Manoella Buffara, ancienne élève du restaurant Noma de Copenhague (trois étoiles au Michelin), qui a reçu en 2022 le prix San Pellegrino et Acqua Panna de la meilleure cheffe d'Amérique latine.

3 Serre du jardin botanique **4** Fruits du dragon et pommes-cannelles au Mercado municipal **5** Jardin botanique de Curitiba

Quand partir

Curitiba jouit d'un climat subtropical agréable toute l'année. Le temps est plus frais et plus sec en hiver (juin-août).

Comment s'y rendre

L'aéroport Afonso-Pena assure des liaisons avec la plupart des grandes villes brésiliennes, ainsi que Buenos Aires et Santiago du Chili. Diverses compagnies de bus couvrent nombre de destinations, dont Rio de Janeiro et Buenos Aires.

À lire

Dans *Acupuncture urbaine*, Jaime Lerner, ancien maire visionnaire de Curitiba, traite de la façon de dynamiser les villes et de les rendre plus agréables à vivre.

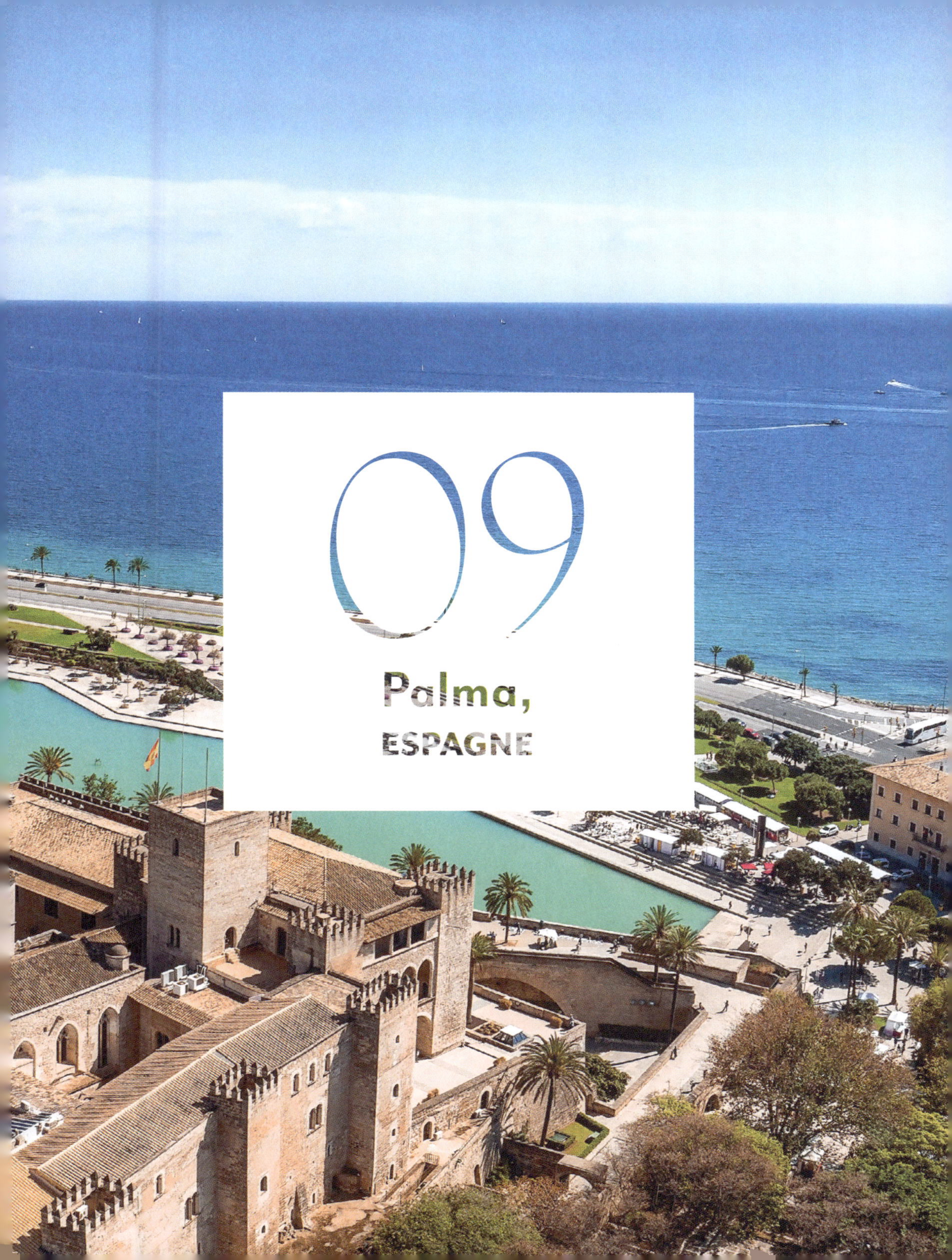

09

Palma,
ESPAGNE

Incontournable !

1 / L'univers de l'artiste catalan Joan Miró à la **Fundació Miró Mallorca**, qui comprend ses deux ateliers.

2 / Une nuit dans une demeure historique convertie en hôtel, comme le **Palma Riad**, le **Portella Palma** ou le **Can Cera**.

3 / Une visite guidée de la ville en pédalant ou une balade le long du front de mer jusqu'à **Es Portixol** avec un vélo de location.

4 / Un tour au **Mercat de Santa Catalina**, marché d'alimentation vivant, suivi d'un vermouth et de tapas au Can Frau ou d'un repas dans le quartier gastronomique alentour.

Avec sa scène gastronomique florissante, son énergie créative bouillonnante et ses collections d'art remarquables, Palma redéfinit l'escapade au soleil des Baléares et s'impose comme une élégante destination culturelle toute l'année. En 2025, la principale ville de Majorque doit inaugurer sa promenade verte sur le front de mer. En attendant, des hôtels aménagés dans de beaux bâtiments anciens, des galeries indépendantes exposant de nouveaux talents et quelques-uns des restaurants les plus intéressants d'Espagne continuent d'apparaître, en particulier dans le centre historique et le quartier de Santa Catalina.

PROMENADE DU FRONT DE MER

Le nouveau *paseo marítimo* tant attendu, dont l'inauguration aura lieu début 2025, s'étire sur 3,5 km entre la vieille ville et Portopí. En chantier depuis 2022, ce projet de 60 millions d'euros transformera une partie du front de mer, auparavant encombré par la circulation, en créant un axe piétonnier et cyclable. Les plans de l'architecte Elías Torres, originaire d'Ibiza, prévoit des jardins plantés de palmiers, des bancs, des aires de jeux pour enfants, de larges passages piétons, des rampes d'accès pour fauteuils roulants et des stations de vélos en libre-service. Parallèlement, les voies réservées aux véhicules seront réduites de manière significative, et le trafic sera détourné ailleurs. Le volet environnemental comprend la mise en place d'un éclairage LED, la plantation de plus de 1800 arbres et la réalisation de systèmes de drainage écologiques permettant le réemploi des eaux pluviales. Il s'agira d'un lieu agréable où les habitants et les amoureux de Palma pourront se détendre à l'ombre en été ou profiter du soleil hivernal.

ART ET CULTURE AU PREMIER PLAN

De George Sand, qui résida dans la chartreuse de Valldemossa avec Frédéric Chopin, à Jorge Luis Borges, dont un poème fait l'éloge de la cathédrale de Palma, Majorque inspire depuis longtemps les esprits créatifs. Cœur de la scène culturelle insulaire, Palma est un vrai régal pour les amateurs d'art. La Fundació Miró Mallorca, sur les hauteurs, et Es Baluard, dans un bastion des remparts, comptent parmi les institutions phares, mais il y en a bien d'autres. Aujourd'hui, vous avez autant de chances d'entendre les discussions animées de clubs de lecture dans des cafés,

Double page précédente Cathédrale (La Seu) et front de mer de Palma **1** Maisons colorées du centre-ville **2** Déjeuner en terrasse sur fond de paysage majorquin

3

Le quartier d'El Terreno est un de mes lieux littéraires favoris. En parcourant ses rues étroites et pentues, on suit les traces d'écrivains tels que Gertrude Stein, D. H. Lawrence et Camilo José Cela.

MARINA ALONSO DE CASO
/ Fondatrice de la librairie La Salina, Santa Catalina

4

de rencontrer des artistes contemporains majorquins et étrangers dans leurs ateliers ou de tomber sur des boutiques qui font vivre l'artisanat traditionnel. Sans oublier la Nit de l'Art (Nuit de l'Art), une programmation d'expositions et de spectacles dans le centre historique, qui fêtera sa 29e édition en septembre 2025.

Cet élan de créativité se manifeste également à travers une série d'hôtels de charme, à la décoration raffinée et respectueuse du style local, qui mettent en valeur le patrimoine architectural de Palma.

À TABLE !

Palma s'est récemment fait connaître comme une des destinations gastronomiques d'Espagne, mais ceux qui l'aiment savaient déjà qu'on y mangeait très bien. Que vous ayez envie d'une simple *tostada* (tartine) garnie de *sobrassada* (saucisse sèche au paprika), d'une *ensaïmada* (sorte de brioche) avec un café ou d'un menu dégustation de haut vol inspiré de la cuisine majorquine, le plaisir sera au rendez-vous. Le secret

3 © Serenity-H/Shutterstock 4 © LaMerce/Shutterstock 5 © Westend61/Getty Images

réside pour une grande part dans les produits du cru, souvent bio, issus des *fincas* (exploitations agricoles) de l'île et des marchés où les restaurateurs viennent s'approvisionner quotidiennement. Certaines des tables les plus courues, sous la baguette de chefs créatifs de formation internationale, ont ouvert dans le quartier branché de Santa Catalina, juste à l'ouest du centre historique, qui abrite le grand marché d'alimentation du même nom. Et parmi les seize restaurants des Baléares étoilés au Michelin en 2024, quatre se trouvent à Palma. Enfin, le concours de tapas et de cocktails TaPalma se tient habituellement en novembre.

3 Le Castell de Bellver dominant la baie de Palma **4** *Ensaïmadas* et autres douceurs **5** Restaurants en terrasse sur le Passeig de Sagrera

Quand partir

Palma est une destination formidable toute l'année, et les voyageurs avisés viennent désormais profiter des nombreux attraits d'un séjour hors saison. Évitez de préférence juillet-août, quand l'affluence et les prix grimpent en flèche.

Comment s'y rendre

L'aéroport de Palma accueille des vols depuis/vers de nombreuses villes d'Europe. Quand le temps le permet, il est également possible rallier Palma en bateau au départ de plusieurs ports espagnols, dont Barcelone, Valence et Dénia. À titre d'exemple, la traversée Barcelone-Palma dure entre 6 heures 30 et 7 heures 30.

10

Edmonton,

CANADA

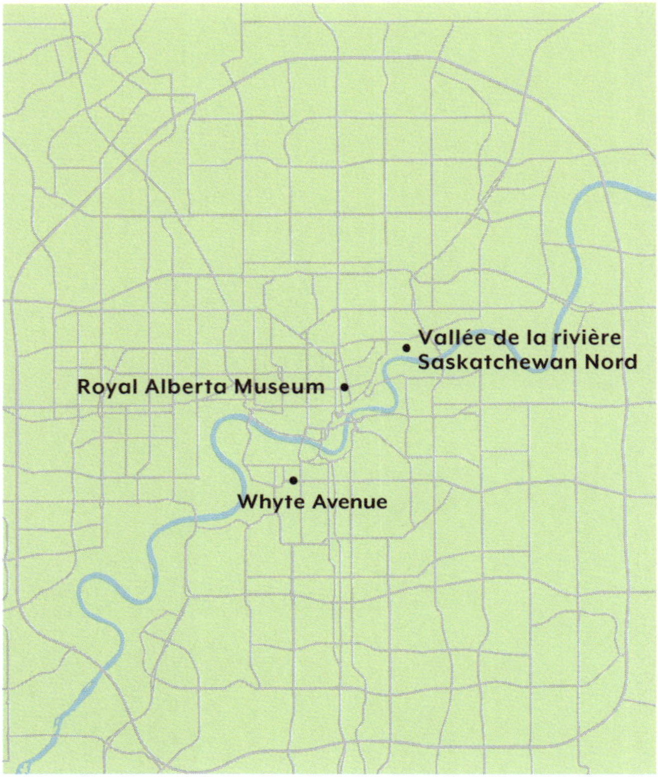

Incontournable !

1 / L'**Edmonton International Fringe Theatre Festival,** onze jours de théâtre alternatif dans les parcs, les rues et les petites salles de spectacle.

2 / Art, shopping et cuisine du monde entier sur **Whyte Avenue**, l'axe principal du quartier d'Old Strathcona.

3 / Les parcs de la **vallée de la rivière Saskatchewan Nord**, ruban de verdure de 7 300 ha qui longe le cours d'eau dans la zone métropolitaine d'Edmonton.

4 / Les collections d'histoire naturelle et d'anthropologie du **Royal Alberta Museum**, plus grand musée de l'Ouest canadien, rafraîchi et installé à une nouvelle adresse en 2018.

On ne peut qu'être agréablement surpris par l'évolution d'Edmonton depuis dix ans. Déjà célèbre pour son festival de théâtre Fringe et son quartier bohème d'Old Strathcona, la cinquième ville du Canada a déployé des efforts considérables pour redynamiser son centre, autrefois plutôt morne, en construisant des gratte-ciel aux lignes épurées ainsi que des infrastructures sportives et de divertissement ultramodernes. En outre, le regain d'intérêt pour les cultures autochtones a motivé la création d'expériences immersives passionnantes à Fort Edmonton et, plus loin dans l'Alberta, Métis Crossing.

SOUS LE SIGNE DU SPORT

Au cours de la dernière décennie, des milliards de dollars ont été investis dans la revitalisation du centre-ville d'Edmonton, transformant des quartiers entiers. L'ICE District, auparavant un groupe de bâtiments désaffectés et de parkings à moitié vides, est devenu le plus grand quartier dédié au sport et au divertissement d'Amérique du Nord. Le lieu numéro un est Rogers Place, un stade couvert de 20 734 places à la structure curviligne futuriste, qui voisine avec un hôtel de luxe JW Marriott et la Stantec Tower, l'immeuble le plus haut d'Edmonton (250 m). Siège des Oilers, l'équipe locale de hockey sur glace dont les matchs constituent un rite de passage, il accueille également d'autres événements sportifs, ainsi que des concerts de stars comme Paul McCartney ou le rappeur Drake.

Le Fan Park constitue le dernier ajout en date au sein de l'ICE District. Édifié sur le site d'un casino démoli, cet espace polyvalent fonctionnant toute l'année abrite un labyrinthe de neige, des toboggans de glace et une patinoire en hiver, tandis que les festivals Sustainival et Rock the District s'y déroulent l'été.

"MEET ME DOWNTOWN"

À l'est, la revitalisation urbaine s'est récemment étendue à Station Lands, où de nouveaux logements visent à attirer les jeunes professionnels et à améliorer l'attractivité et la vivabilité du centre. En 2023, Edmonton a créé un fonds spécial pour soutenir les activités et les festivals, dont le fer de lance a été la campagne marketing *"Meet me downtown"* ("Retrouve-moi dans le centre-ville"). Le plan à long terme consiste à rendre le cœur de la ville plus accessible aux piétons, aux cyclistes et aux transports en commun. Pour entamer ce processus, le réseau LRT (Light Rail Transit)

1

2

Double page précédente Gratte-ciel au bord de la rivière Saskatchewan Nord **1** Le centre d'Edmonton au crépuscule **2** Enseignes du Neon Sign Museum, sur la 4th St Promenade

Double page précédente © LisaBourgeault/Shutterstock **1** © Adam Zihla/Shutterstock **2** © Ronnie Chua/Shutterstock

3

Découvrez les boutiques familiales de Chinatown, louez un vélo électrique à Old Strathcona pour parcourir la plus longue coulée verte fluviale urbaine d'Amérique du Nord et assistez aux festivals.

LINDA HOANG
/ Stratège en réseaux sociaux

4

3 © HADI ZAHER/Getty Images 4 © John Elk III/Getty Images 5 © TetyanaT/Shutterstock

a mis en service la nouvelle Valley Line en novembre 2023, et seize autres stations sont prévues d'ici à 2026.

L'ÉLAN DES PREMIÈRES NATIONS

Mues par un intérêt croissant pour la préservation et la réappropriation de leur culture d'origine, les communautés autochtones de l'Alberta offrent aux touristes l'occasion de découvrir leur histoire et leurs traditions. Le Human History Hall du Royal Alberta Museum fournit des informations de fond, tandis que l'Indigenous Peoples Experience du Fort Edmonton Park a été enrichi d'une série de contes en 2024.

Cela vaut aussi la peine de se rendre à Métis Crossing, sur les rives de la Saskatchewan Nord, à 1 heure 20 en voiture d'Edmonton. Occupant quelque 80 ha de terres agricoles ayant appartenu

aux premiers colons métis installés dans la région à la fin du XIXe siècle, ce nouveau centre culturel et village historique propose des visites axées sur la musique, la danse, la vie domestique et la réintroduction d'espèces sauvages indigènes comme le bison blanc et l'orignal. Sur place, un lodge haut de gamme propose des chambres de luxe avec chauffage au sol et lit king size surmonté d'un dôme vitré pour contempler les aurores boréales.

3 La vallée de la rivière Saskatchewan Nord en automne
4 La Friendship Tower et l'hôtel de ville d'Edmonton
5 Le centre d'Edmonton dans un méandre de la Saskatchewan Nord

Quand partir

Les hivers pouvant être brutalement froids, l'été est la saison la plus propice pour visiter Edmonton. L'International Fringe Theatre Festival se tient d'ailleurs en août.

Comment s'y rendre

L'aéroport international d'Edmonton assure de bonnes liaisons avec les États-Unis et d'autres villes du Canada. Si vous ne venez pas d'Amérique du Nord, vous pouvez prendre un vol pour Toronto ou Vancouver, puis une correspondance. Calgary se situe à 3 heures de route au sud ; des bus Red Arrow quotidiens couvrent le trajet.

LE BEST OF DU VOYAGE 2025

TOP 10 DES RÉGIONS

01 **Côte de Caroline du Sud et de Géorgie, États-Unis** / 02 **Teraï, Népal** / 03 **Chiriquí, Panama** / 04 **Launceston et la Tamar Valley, Australie** / 05 **Valais, Suisse** / 06 **Giresun et Ordu, Turquie** / 07 **Bavière, Allemagne** / 08 **Est-Anglie, Royaume-Uni** / 09 **Jordan Trail, Jordanie** / 10 **Mont Hood et gorges de la Columbia, États-Unis**

01

Côte de Caroline du Sud et de Géorgie,

ÉTATS-UNIS

Incontournable !

1 / Flânez tout un après-midi dans le **Starland District** de Savannah pour découvrir son street art, ses boutiques vintage et ses cafés bohèmes.

2 / Explorez les galeries d'art des rues pavées du **quartier français** de Charleston, et assistez le soir à une représentation de l'historique Dock Street Theatre.

3 / Apprenez-en davantage sur la vie des anciens esclaves en visitant le cimetière gullah et l'ancienne demeure de la **plantation McLeod**.

4 / Guettez les dauphins lors d'une balade à l'aube sur Coligny Beach (**île de Hilton Head**) avant un petit-déjeuner copieux au Lowcountry Produce Market & Café.

Lors de cette virée à travers la plaine côtière de Caroline du Sud et de Géorgie, vous passerez par des plages de sable doré, des marécages ventés et des cités qui semblent imperméables au passage du temps. Mais cette façade paisible cache un vrai dynamisme. Entraînée par les villes historiques de Savannah et de Charleston, la région est devenue pionnière en matière d'énergies renouvelables. La scène culinaire locale accumule les récompenses grâce à une génération de chefs inventifs, et une nécessaire réflexion collective a conduit à l'ouverture d'un formidable musée dédié à l'histoire et à la culture afro-américaines.

AFFRONTER HIER, RÊVER DEMAIN

Le Lowcountry, nom donné aux basses terres de la côte de Caroline du Sud et de Géorgie, a longtemps entretenu un rapport complexe avec son histoire, entachée par l'institution de l'esclavage. Aujourd'hui, l'ancienne jetée de Charleston, où des milliers d'Africains arrachés à leur terre d'origine ont été vendus comme esclaves, est le site d'un établissement remarquable, l'International African American Museum. Sa muséographie, qui donne à réfléchir, traite aussi bien de l'Afrique des siècles passés que du monde actuel ; elle retrace une histoire des populations noires qui s'écrit à cheval sur l'Afrique, l'Europe et l'Amérique. Une section est consacrée aux Gullah (descendants d'esclaves du Lowcountry). Le site propose aussi un riche programme culturel : ateliers de percussions, projections de films et spectacles vivants.

Les abords du musée – qui surplombe le tristement célèbre Gadsden's Wharf, le quai où ont débarqué quelque 100 000 esclaves originaires d'Afrique – forment désormais l'African Ancestors Memorial Garden. Les silhouettes gravées sur le sol représentent les esclaves prisonniers des cales des navires, et les statues agenouillées rendent hommage à ceux qui ont péri sur place. La végétation scelle la rencontre entre deux mondes ; les graminées endémiques de Caroline du Sud y poussent à l'ombre des palmiers d'Afrique.

ÉNERGIE VERTE, ESPACES VERTS

Savannah soigne son image de ville verte : elle a pour objectif de tirer 30% de son énergie de sources propres et renouvelables en 2025. À l'ouest de la ville, une nouvelle usine a lancé la production de quelque 300 000 voitures électriques par an. C'est un des plus ambitieux projets du genre aux États-Unis. Les milliers d'emplois créés devraient confirmer l'essor économique actuel de la région.

1

2

Double page précédente Passerelle en bois sur les marais de Savannah **1** Rainbow Row, alignement de maisons georgiennes aux couleurs pastel sur East Bay Street, à Charleston **2** Littoral de l'île de Hilton Head

3

J'ai choisi Savannah car c'est une ville historique dotée de superbes parcs où l'on peut marcher, courir, profiter du plein air. J'apprécie aussi la proximité de la plage : la jolie Tybee Island est à moins de 30 minutes.

RACHEL SEELEY
/ Coach de sport

4

3 © zarzamora/Shutterstock 4 © Daniela Duncan/Getty Images 5 © SeanPavonePhoto/Getty Images

Le Lowcountry est par ailleurs réputé pour ses parcs luxuriants et ses promenades élégantes, bordées de chênes de Virginie drapés de mousse espagnole. À Charleston, l'ouverture des American Gardens est prévue en 2025 près de Meeting Street, dans le quartier historique : le parc possédera une allée de lilas des Indes, une fontaine et une petite scène devant accueillir concerts, événements littéraires et projections de films. Un peu plus au sud, l'île de Hilton Head se garnit elle aussi de nouveaux espaces verts, dont le Patterson Family Park, doté d'une aire de jeux inspirée de l'univers de la ferme ; la culture gullah y est mise en valeur à travers des textes (poésie, récits) et des fresques.

PAYS PLAT, PLATS RELEVÉS

La cuisine fait partie intégrante de la découverte de la région. Les nouveaux restaurants y fleurissent, et certains ont figuré en bonne place pour obtenir des prix de la James Beard Foundation. Sur la côte de Sullivan's Island, près de Charleston, vous trouverez The Obstinate Daughter : l'établissement de Jacques Larson, parmi les finalistes de ce prix en 2024, propose

une version renouvelée de la cuisine du Sud agrémentée de touches européennes.

Ni Charleston ni Savannah ne manquent de restaurants réputés. Dans la seconde, Cotton & Rye fut classé par *USA Today* parmi les meilleurs restaurants du pays. La campagne compte aussi de belles adresses rustiques, comme Lowcountry Fish Camp, à Summerville (Caroline du Sud), qui sert de délicieux poissons-chats noircis (enduits de beurre et d'épices et cuits à feu vif) ; Bernard Bennett, le chef primé de l'Okàn, à Bluffton, emmène ses clients dans une expédition culinaire passant par l'Afrique de l'Ouest, les Caraïbes et la côte de Caroline du Sud.

3 Goûtez les saveurs du Sud avec le *Lowcountry boil*, plat de crevettes, saucisse épicée et pommes de terre
4 Statue du paisible cimetière Bonaventure, à Savannah
5 La mousse espagnole conquiert les chênes de Virginie autour de la fontaine de Forsyth Park, à Savannah

Quand partir

L'été est chaud et humide, en plus d'être propice aux ouragans. Les températures sont plus clémentes au début du printemps, qui est aussi une saison de fêtes, comme le Savannah Music Festival.

Comment s'y rendre

L'aéroport de Savannah/Hilton Head et celui de Charleston sont tous deux reliés à de nombreuses destinations de la côte est et du Midwest. Il est plus spectaculaire d'arriver en train Amtrak, qui relie les deux villes à New York, à Washington (DC), à Jacksonville (Floride) et à de nombreuses autres gares sur le trajet.

02

Teraï, NÉPAL

Le Népal évoque d'emblée les sommets de l'Himalaya, mais le sud du pays, constitué de basses terres, offre un visage très différent. Ce ruban de forêts, de prairies et de marécages, qui représente un quart de la superficie du pays, forme la région du Teraï. Méconnue, elle est pourtant un havre de biodiversité dont les réserves naturelles abritent des rhinocéros et quantité d'oiseaux. Le Teraï est aussi une terre de culture qui rassemble un site bouddhique de première importance, un superbe temple hindou et de remarquables plantations de thé. En dehors de quelques sites tel le parc national de Chitwan, la région demeure magnifiquement préservée du tourisme.

Incontournable !

1 / Remontez en canoë ou en bateau la **Rapti**, dans le **parc national de Chitwan**, en guettant les rhinocéros et les gavials du Gange.

2 / Explorez le temple **Maya Devi** de Lumbini, à l'emplacement où naquit Bouddha.

3 / Visitez le **Janakpur Women's Development Center**, une ONG qui aide les femmes de la région à préserver l'artisanat traditionnel du Mithila.

4 / Alliez dégustation et participation à la récolte lors de la visite de l'un des **jardins de thé** d'Ilam.

AU PAYS DES RHINOCÉROS À UNE CORNE

Chasse royale avant de devenir réserve naturelle, le parc national de Chitwan a joué un rôle clé dans la sauvegarde du rhinocéros indien, espèce unicorne menacée d'extinction. Classé au patrimoine mondial par l'Unesco, ce parc, principal site touristique du Teraï, abrite désormais 694 de ces magnifiques animaux, soit presque un cinquième de leur population. Leur nombre ne cesse de grandir, si bien qu'il est courant d'en apercevoir lorsqu'on parcourt le parc en Jeep, à pied, en canoë ou en bateau. D'autres espèces sont visibles ici, de l'ours lippu au gavial du Gange en passant par l'éléphant et – si la chance vous sourit – le tigre. Le parc poursuit son œuvre de préservation de la faune : des loutres à pelage lisse, une espèce rare, y ont été aperçues récemment, et ce pour la première fois depuis vingt ans.

Plus à l'ouest, le parc national de Bardia est moins fréquenté mais tout aussi enchanteur. Il s'agit de la plus vaste zone protégée du Teraï, un royaume sauvage de forêts, de savanes et de rivières, habité par une population croissante de tigres – ils étaient 125 en 2022 – ainsi que par 38 rhinocéros. Par ailleurs, deux rhinocéros ont été récemment réintroduits dans la réserve de Koshi Tappu, une zone propice à l'observation des oiseaux située dans les marécages de l'est du Teraï, où ces mammifères étaient absents. Ces deux jeunes recueillis alors qu'ils avaient été abandonnés rejoignent des oiseaux de centaines d'espèces différentes, ainsi que le dernier troupeau népalais de buffles sauvages d'Asie (une espèce menacée).

Double page précédente Le parc national de Chitwan, un des plus beaux sites du pays, abrite des rhinocéros unicornes **1** Dans le parc national de Bardia, levez les yeux au ciel pour apercevoir le souimanga asiatique et d'autres oiseaux remarquables **2** Récolte du thé dans les jardins d'Ilam

1

2

3

Le parc national de Chitwan éclipse souvent celui de Bardia. Pourtant, le sud-ouest préservé des plaines du Teraï dévoile une facette moins connue du Népal aux voyageurs et aux amateurs de faune sauvage.

ABHI SHRESTHA
/ P-DG de Rural Heritage/Snow Cat Travel

4

3 © PACO COMO/Shutterstock 4 © Arnav Pratap Singh/Shutterstock 5 © Whitworth Images/Getty Images 6 © Photohipster/Shutterstock

THÉ ET SPIRITUALITÉ

Le Teraï compte deux des sites religieux les plus importants du Népal. Ils attirent des pèlerins de toute l'Asie du Sud-Est et au-delà, mais relativement peu de touristes.

Le temple Maya Devi de Lumbini marque l'endroit exact où naquit Siddhartha Gautama, dit Bouddha, vers 563 av. J.-C. L'ensemble est à la fois un site archéologique de première importance et un lieu d'une grande portée spirituelle. Le vaste parc paisible qui l'entoure est parsemé de temples et de monastères plus modernes, dont les styles hétéroclites reflètent les habitudes architecturales des communautés bouddhiques du monde entier. S'y dresse également l'étincelant Shanti Stupa (pagode de la Paix), blanc et doré.

À quelque 300 km au sud-est de Lumbini, la ville sacrée de Janakpur a pour joyau le temple hindou de Janaki Mandir, achevé en 1910. Consacré à la déesse Sita, qui aurait été découverte, enfant, à cet emplacement, il est, de nuit, illuminé de mille couleurs. Janakpur est aussi au cœur de la renaissance d'un art populaire qui remonte à presque 3 000 ans, la peinture du Mithila.

Autre décor dans le district d'Ilam, grande région de culture du thé. Celle-ci reçoit bien moins de visiteurs que son homologue d'Inde, le Darjeeling, juste de l'autre côté de la frontière. C'est par une route sinueuse que l'on accède aux vertes collines d'Ilam, ponctuées de jardins de thé proposant, pour certains, visites guidées et dégustations. La période idéale pour s'y rendre s'étend d'avril à novembre, au moment de la récolte. Son excellent thé n'est pas le seul atout de la région ; ses vallées, ses crêtes et ses forêts de pins, chênes et rhododendrons sont propices à la randonnée et à l'observation des oiseaux.

3 Guêpiers de Leschenault dans les forêts du parc de Bardia
4 Temple de Janaki Mandir et ses pèlerins, à Janakpur
5 Entelle gris des plaines du Teraï **6** Temple Maya Devi de Lumbini, lieu de la naissance de Bouddha

Quand partir

La meilleure période pour visiter le Teraï s'étend de fin septembre aux semaines précédant la mousson, donc jusqu'à fin mai. Évitez la mousson (de mi-juin à mi-septembre environ).

Comment s'y rendre

Des liaisons en bus régulières existent entre les principales villes du Teraï, d'une part, et Katmandou et Pokhara, d'autre part. Des bus touristiques desservent le Chitwan. La région compte plusieurs aéroports et quatre postes-frontières pour passer en Inde.

03

Chiriquí,

PANAMA

Le chef-d'œuvre d'ingénierie qu'est le canal de Panama et l'archipel caribéen idyllique de Bocas del Toro : voilà ce qui attire les voyageurs au Panama. La province du Chiriquí, dans l'ouest du pays, est moins connue. Remarquable par la vitalité de son écosystème, elle est riche de forêts brumeuses à explorer, de plantations de café à visiter, de volcans à gravir et d'îles où paresser au cœur d'un parc national marin. Les ornithophiles pourront observer les milliers d'espèces du pays, dont la plus emblématique est le quetzal, symbole sacré pour les Mayas et les Aztèques.

DÉCOUVRIR DE NOUVEAUX CHEMINS

Située à l'extrême ouest du pays, la province du Chiriquí jouit d'une biodiversité remarquable. Les abords sauvages du golfe de Chiriquí offrent maintes opportunités de randonnée, d'excursion en bateau, de snorkeling et de découverte

Incontournable !

1 / Choisissez **Bajo Boquete**, charmante ville au bord d'une rivière, comme point de départ pour explorer la province du Chiriquí.

2 / Émerveillez-vous à la **Finca Drácula**, jardin botanique recelant plus de 2 000 espèces d'orchidées – l'une des plus vastes collections du monde.

3 / Traquez la bourrugue du Panama, le thon et le mahi-mahi sur des spots de pêche à la ligne réputés, comme le **banc Hannibal** ou l'**île Montuosa**.

4 / Faites du rafting sur les eaux vives du **Chiriquí Viejo**.

d'exploitations caféières. Les espaces naturels sont remarquablement préservés et permettent des échappées sauvages, comme par exemple dans la forêt de nuage du mont Totumas, zone forestière protégée de 162 hectares, sillonnée d'un réseau de chemins de randonnée en constante expansion. Elle n'est pas facile d'accès, mais vos efforts seront amplement récompensés. Après avoir emprunté en 4×4 tout-terrain une route cahotique éprouvante de 9 km, enfoncez-vous dans la forêt brumeuse pour observer les oiseaux – plus de 280 espèces y ont été recensées – et peut-être entendre au loin les cris des singes hurleurs. Les sentiers récemment inaugurés s'étendent sur plus de 30 km ; notez que c'est entre janvier et mai que les chances sont les plus fortes d'apercevoir le quetzal. D'autres sites, tels que la réserve de Tamandúa, proposent des visites guidées d'observation ornithologique et des circuits destinés aux photographes.

DES ÎLES ET DU CAFÉ

Le parc national marin du Golfe de Chiriquí englobe un ensemble d'îles et de mangroves qui s'étend sur 150 km. Des sorties en bateau permettent de découvrir les communautés locales et leurs produits, dont le cacao, tout en gardant l'œil sur le large... au cas où votre route croiserait celle d'une baleine. L'île Bolaños est, grâce à ses vastes récifs, une destination de choix pour le snorkeling ;

Double page précédente Chute d'eau dans la forêt du Chiriquí **1** Une randonnée guidée dans la forêt de nuage du mont Totumas sera l'occasion d'apercevoir le quetzal resplendissant **2** Explorez les trésors naturels des environs de Bajo Boquete, comme les Tres Cascadas (ou Lost Waterfalls)

3

La nature au Panama est superbement préservée – ce qui nous rend heureux de vivre dans un tel environnement ! Notre pays bénéficie d'un écosystème particulièrement sain, et il est de notre devoir à tous d'en prendre soin.

JEFFREY DIETRICH
/ Propriétaire de la Mount Totumas Cloud Forest and Biological Reserve

4

3 © Mark Pitt Images/Shutterstock 4 © Angel DiBilio/Shutterstock 5 © Ondrej Prosicky/Shutterstock 6 © Damsea/Shutterstock

quant à l'île Gamez, d'origine volcanique, elle est couverte d'amandiers et de palmiers.

De retour sur le continent, visitez la plantation Don Pepe Estate Coffee pour avoir un aperçu de la culture phare du Chiriquí. Ce domaine, sur les contreforts du volcan Barú, offre une belle introduction au monde du café. Sept variétés sont produites sur place, à petite échelle, dont le geisha, un des cafés les plus chers du monde – au Panama, la livre coûte environ 350 $US. Le guide Carlos Antonio Jurado dévoile le processus de fabrication au cours d'une visite à la fois érudite et divertissante, qui se conclut par une dégustation.

À une heure de route du domaine de Don Pepe s'étend le parc national du Volcan Barú – un défi exaltant pour les randonneurs aguerris. Cet impressionnant volcan endormi est le point culminant du Panama (3 474 m). Il faut compter six à huit heures d'ascension éprouvante pour atteindre le sommet – à entreprendre avec un guide. Le paysage se métamorphose au fur et à mesure de la montée, dans les forêts

5

6

humides de basse et haute montagne. Du sommet, on embrasse d'un seul coup d'œil l'Atlantique et le Pacifique... Autre moyen plus reposant de gravir ce géant : emprunter un véhicule qui fera le trajet en 1 heure 30. Dans les deux cas, une fois en haut, contempler le coucher du soleil au-dessus des nuages et admirer les étoiles est une expérience mémorable.

3 Spécialités à base de fraises au Fresas Café, près de Bajo Boquete **4** Baies de caféier dans une plantation proche de Bajo Boquete **5** Le toucan à carène peuple les plaines et les montagnes luxuriantes du Chiriquí **6** Univers sous-marin en Technicolor du parc national marin du Golfe de Chiriquí

Quand partir

La province se visite toute l'année. La saison idéale pour observer les oiseaux s'étend de janvier à avril. La végétation est riche et luxuriante pendant la saison des pluies (de mai à décembre). On peut voir des baleines à bosse entre juin et octobre, alors que les dauphins sont visibles en toute saison.

Comment s'y rendre

Le mieux est de prendre l'avion depuis la ville de Panama jusqu'à David. Boca Chica est un point de chute idéal pour découvrir le parc marin du Golfe de Chiriquí. Des agences locales proposent des sorties en bateau vers plusieurs îles ravissantes.

04
Launceston et la Tamar Valley, AUSTRALIE

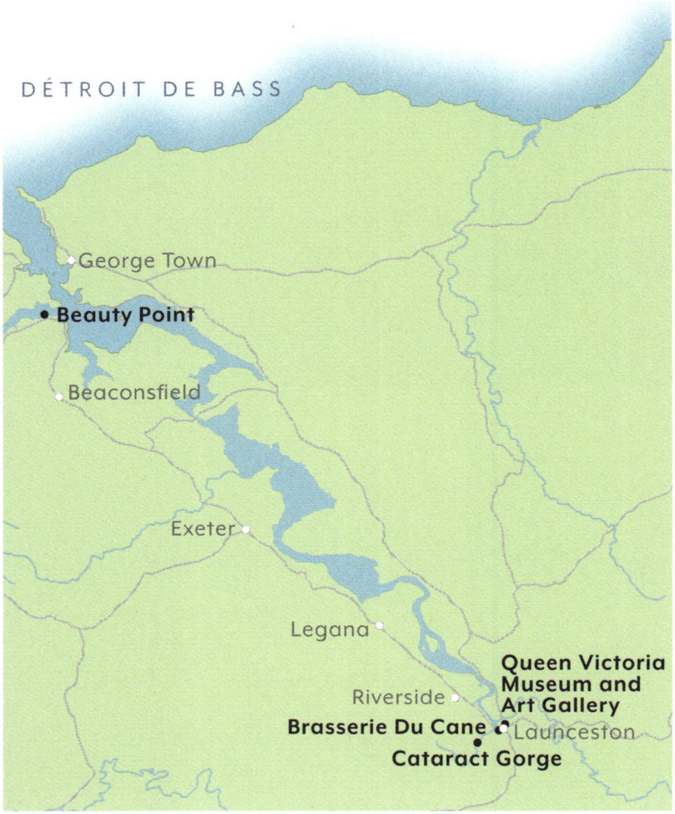

Incontournable !

1 / Sillonnez les sentiers de la **Cataract Gorge**, guettez les paons et les wallabies depuis un télésiège et dînez au Gorge Restaurant.

2 / Découvrez la triste histoire du thylacine (loup de Tasmanie), les armes des *bushrangers* (criminels du XIXe siècle) et le planétarium du **QVMAG**, le plus grand musée régional australien.

3 / Descendez le fleuve jusqu'à **Beauty Point** pour observer les ornithorynques et les échidnés de Platypus House. Juste à côté se trouve l'aquarium Seahorse World.

4 / Tracez l'itinéraire de vos randonnées dans le bush grâce aux cartes couvrant les murs de **Du Cane**, brasserie artisanale de Launceston.

Deuxième ville de Tasmanie par la taille et deuxième Ville créative de l'Unesco d'Australie dans la catégorie gastronomie, Launceston règne sur les fertiles plaines volcaniques du nord de la Tasmanie, non loin du littoral. Cette zone est à la fois la principale région viticole de l'île et l'origine de quantité de délicieux produits qui font sa réputation. Launceston est le lieu d'une rencontre heureuse entre nature et culture. Une gorge profonde et escarpée l'entaille presque jusqu'au centre, où abondent les adresses pour se régaler.

UNE RÉPUTATION À MATURITÉ

Tandis que le Museum of Old and New Art (Mona) et le Dark Mofo (festival culturel hivernal) ont placé Hobart, capitale de la Tasmanie, à l'avant de la scène artistique, Launceston suit un chemin plus discret. "Lonnie", comme on la surnomme localement, est dotée d'une riche architecture industrielle du XIXe siècle et située à la confluence de la North Esk et de la South Esk, rivières qui se rejoignent dans des gorges pour donner naissance à la Kanamaluka, ou Tamar. La ville est depuis longtemps une destination privilégiée pour combiner activités de plein air et bonnes tables. En 2021, Launceston fut nommée Ville créative de l'Unesco dans la catégorie gastronomie, rejoignant quelque 50 destinations gourmandes à travers le monde. Une belle reconnaissance pour cette ville de 106 000 habitants cernée de domaines viticoles et de terres fertiles en produits de qualité, et dotée d'excellents restaurants. En 2025, un autre jalon sera posé avec l'ouverture très attendue du Fermentation Hub. Ce lieu unique au monde sera dédié à de jeunes entreprises impliquées dans des activités de fermentation (fromage, cidre, pickles ou bière) ; des espaces permettront aux visiteurs d'observer les processus.

TENTATIONS EN TOUS SENS

Que l'on quitte Launceston vers le nord ou vers le sud, on tombe sur un des vignobles de la Tamar Valley, à moins de 12 km du centre-ville. Cette région viticole, la plus ancienne et la plus vaste de l'île, se déploie sur les deux rives de la Kanamaluka/Tamar ; plus de 30 domaines s'égrènent au fil de la Tamar Valley Wine Route. Andrew Pirie, un des pionniers de la région, est toujours en activité au domaine Apogee, qui se visite sur rendez-vous. À la House of Arras, découvrez le meilleur vin pétillant du monde

Double page précédente Grappes de pinot noir des vignes de la Tamar Valley **1** Alexandra Suspension Bridge, dans la Cataract Gorge, près de Launceston **2** Goûtez les délicieuses spécialités locales, des huîtres aux fromages de Lonnie

Double page précédente © Nick Osborne/Shutterstock **1** © Ikonya/Shutterstock **2** © del Monaco/Shutterstock

3

3 © Ness Vanderburgh/Tourism Tasmania

Lonnie, malgré sa taille, c'est un gros bourg de campagne ! Elle recèle plein de trésors discrets. Pour boire un verre, je recommande le bar à vins Havilah et la bar à bières Saint John.

RHYS HANNAN

/ Chef et gérant du marché Harvest Launceston

au classement 2020 du magazine *Decanter*. Au Swinging Gate Vineyard, la star, c'est la chienne Nellie, qui a fait la couverture d'un ouvrage sur les chiens de vignoble !

Juste à l'ouest de la ville s'étend l'une des terres agricoles les plus fertiles du pays. C'est là qu'ont poussé les premières truffes noires d'Australie, et la région fournit également d'excellents légumes et de la viande de bœuf de qualité. Une grande partie de ces produits sont acheminés en ville, notamment au Harvest Launceston, le marché de producteurs du samedi matin.

LA NATURE À DEUX PAS

À 15 minutes de marche de Launceston se trouve l'embouchure de la superbe Cataract Gorge. Cette gorge déroule sur 5 km ses parois abruptes en dolérite avant de déboucher sur First Basin, où sont aménagés une vaste pelouse, une piscine et le plus long télésiège à travée unique du monde.

En voiture, on peut accéder en moins d'une heure à d'autres sites remarquables, apercevoir une faune variée, faire du VTT ou du ski sur le meilleur domaine de Tasmanie. Le parc national de Narawntapu, bordé de plages, est surnommé le "Serengeti australien" pour sa faune abondante, notamment ses wallabies. À Low Head, près de l'estuaire de la

LES MEILLEURS

Restaurants de Launceston

1 / **Stillwater** Une institution de Lonnie où l'on savoure une cuisine locale dans un ancien moulin de 1830, près de la Cataract Gorge.

2 / **Black Cow Bistro** Amateurs de viande, poussez la porte de ce temple du bœuf tasmanien, de celui du Cape Grim au wagyu de Robbins Island.

3 / **Stelo at Pierre's** Malgré son décor de café parisien, le Stelo sert une cuisine résolument locale, assortie de quelques touches italiennes.

4 / **Timbre Kitchen** Parmi les vignobles de Velo Wines, le menu mettant les saveurs tasmaniennes à l'honneur change tous les jours.

5 / **Josef Chromy Wines** L'excellent restaurant du domaine viticole de Josef Chromy se trouve à proximité de Launceston.

4

5

Tamar, les manchots pygmées se promènent chaque soir à deux pas des visiteurs. Près de George Town, un important réseau de sentiers de VTT a commencé à être aménagé, tandis que le parc national Ben Lomond, au sud, contient le deuxième sommet de l'île (Legges Tor) et un modeste domaine skiable. La neige n'y est pas toujours au rendez-vous, mais Jacob's Ladder, la route sinueuse qui y mène, est l'une des plus spectaculaires d'Australie.

3 La scène culinaire de Launceston met en valeur les saveurs de Tasmanie **4** Rencontre avec les échidnés de Platypus House, à Beauty Point **5** Régalez-vous en mangeant local, que vous ayez un faible pour les truffes ou pour la viande de bœuf

Quand partir

Après le long hiver de Launceston vient l'été avec ses nombreux festivals. Le favori des habitants est sans doute Festivale, qui est consacré à la cuisine et dure trois jours. La Launceston BeerFest arrive avec la nouvelle année, tandis que la ville voisine d'Evandale accueille en février les championnats nationaux de grand-bi (*penny-farthing*), qui plongent la ville dans une ambiance rétro, puis la remise du Glover Prize, principale récompense australienne pour la peinture de paysage.

Comment s'y rendre

Il y a des vols directs vers Launceston depuis toutes les capitales d'État australiennes.

05

Valais, SUISSE

Verbier, Zermatt, le Cervin et son profil acéré : certains lieux emblématiques du canton suisse du Valais n'ont pas besoin d'être présentés. Au XIXe siècle, les aristocrates anglais y faisaient étape au cours de leur Grand Tour ; aujourd'hui, les stars de la génération Y boivent des cocktails au champagne dans des stations de ski glamour. Mais la façade clinquante dissimule encore de riches traditions pastorales, tout aussi vivaces que le désir d'ouvrir des voies nouvelles qui s'incarneront dans de fascinants projets en 2025.

À VTT PAR MONTS ET PAR VAUX

Située dans le Bas-Valais, la station de Verbier est mondialement réputée pour le ski depuis les années 1950 (et depuis peu pour le ski *freeride* également) ; c'est à l'époque qu'a ouvert la première remontée mécanique d'un domaine qui en compte désormais plus de 90. Aujourd'hui,

Incontournable !

1 / Prenez trois téléphériques pour monter au **Petit Cervin** et voir 14 glaciers et plus de 30 sommets dépassant les 4 000 m.

2 / Goûtez la raclette des artisans du coin lors de Bagnes Capitale de la Raclette, festival qui se tient au **Châble**.

3 / Découvrez la station de Verbier depuis le sommet de la **Pierre Avoi** et randonnez le long des bisses, ces canaux d'irrigation centenaires.

4 / Explorez le **glacier d'Aletsch**, le plus grand des Alpes, en été lors d'une randonnée guidée ou en hiver pour une expédition à ski depuis le village de Fiesch.

le VTT occupe le devant de la scène. La région s'apprête à accueillir, à l'été 2025, les championnats du monde de VTT. La cérémonie d'ouverture devrait réveiller la paisible ville de Sion, à 55 km de Verbier ; sept domaines de sports d'hiver des environs vont accueillir les divers événements. Ces championnats vont rassembler pour la première fois sept disciplines, parmi lesquelles le VTT électrique, dont le marché connaît une croissance exponentielle dans les Alpes – sa valeur, estimée à 5,77 milliards de dollars en 2024, devrait doubler d'ici cinq ans. En remontant par un jour de printemps la rue de Médran (la principale de Verbier), vous aurez peut-être le sentiment de détonner parmi tous ces vététistes "sapés, casqués du dernier cri" qui se dirigent vers la télécabine de Médran. Une fois aux Ruinettes, à 2 200 m d'altitude, ils peuvent dévaler les 19 km de pistes du Verbier Bike Park ; il y en a pour tous les niveaux, du débutant au téméraire : la piste officielle de la compétition est appelée Tire's Fire, le "feu aux pneus" ! Et tout cela avec une superbe vue sur les massifs des Combins et du Mont-Blanc. De nouveaux itinéraires adaptés aux VTT électriques sont en cours d'aménagement, et le Valais a accueilli en août 2024 le Verbier E-Bike Festival, qui allie vélo électrique, musique et collations fines. Ces initiatives entrent dans le cadre de la campagne 2025 menée par le Valais pour promouvoir le VTT auprès du grand public.

Double page précédente Paysages grandioses traversés par le train à crémaillère du Gornergrat, au départ de Zermatt
1 L'imposant Cervin et les téléphériques de Zermatt
2 Il n'y a pas que le ski dans le Valais, il y a aussi le VTT…

3

Oui, nous mangeons de la raclette même en été ! Mes bons plans à Sion ? Le marché du vendredi et Le Verre à pied, une cave à vins associative, rue du Grand-Pont, qui valorise les appellations locales.

SABINE DE KALBERMATTEN VAN VLIET
/ Originaire du Valais

4

3 © stocknshares/Getty Images 4 © yuelan/Getty Images 5 © wilpunt/Getty Images 6 © Justin Foulkes/Lonely Planet

RETOUR AUX SOURCES

Ce n'est pas un hasard si l'épreuve de marathon des championnats de VTT doit se dérouler dans le val d'Anniviers, petite vallée discrète plantée de pins où les villages intemporels sont ponctués de greniers en bois sur pilotis et de chapelles blanchies à la chaux. On est bien loin du Valais exubérant de la jet-set : ici, le pain de seigle traditionnel est encore cuit dans le four communal, et les familles conservent dans leur cave le "fromage des morts", en prévision des repas de funérailles. L'ascension à VTT jusqu'aux villages de Saint-Luc, Grimentz et Zinal se fait par des lacets dans un paysage alpin à la fois superbe et méconnu. Parmi les sommets dépassant les 4 000 m, on tente de repérer l'emblématique Cervin. Si vous souhaitez prolonger l'expérience à deux-roues, empruntez le Valais Alpine Bike, un nouvel itinéraire de 316 km en sept étapes, à parcourir en plusieurs jours ; il sillonne la région et s'achève dans le val d'Anniviers.

DES ROMAINS ET DES CHIENS

La commune de Martigny est à la fois la capitale et la plus ancienne ville du Valais.

En y séjournant, on comprend pourquoi les Romains amateurs de vin s'y attardaient après avoir franchi le col du Grand-Saint-Bernard. En 2025, l'élevage Barryland devrait rouvrir ses portes sous forme d'un parc à thème dont le plan évoque une empreinte de patte : ce site est consacré aux saint-bernard, chiens emblématiques de la région qui secouraient les âmes perdues dans la neige jusque dans les années 1950. Vous pourrez câliner ces chiens et faire une balade en leur compagnie – autour de Martigny au printemps, dans les prairies fleuries du col du Grand-Saint-Bernard en été ou sur les rives gelées du lac de Champex en hiver.

3 Merveilleuse raclette, le plat idéal après une journée sur les chemins de randonnée ou les pistes de ski **4** Vous saurez tout sur le glacier d'Aletsch grâce au centre nature de la Villa Cassel, à Riederalp **5** Lever du soleil sur le Cervin **6** Rencontre avec les saint-bernard de Barryland, à Martigny

Quand partir

Les vététistes sillonnent les sentiers de mars à octobre. À partir de juin (juillet-août sur les petits domaines), télécabines et télésièges conduisent promeneurs et VTT en haut des montagnes.

Comment s'y rendre

Rejoignez Genève en train, puis continuez avec un train des CFF ; les billets sont en vente sur le site et l'application CFF. À Verbier, Médran Sports loue des vélos (VTT, vélo de route, enduro, vélo électrique) ; Singletrail et l'École suisse de VTT proposent des sorties guidées et des cours réputés.

À lire

Dans *Un train pour la Suisse,* Diccon Bewes met en parallèle ses propres pérégrinations et celles d'une Anglaise du XIXe siècle entre Londres et Lucerne, en train, diligence et bateau, au tout début des voyages organisés.

06

Giresun et Ordu,

TURQUIE

Giresun et Ordu : deux villes voisines, deux provinces turques sur le littoral de la mer Noire. La beauté naturelle de ces destinations se déploie en nuances de vert et ne demande qu'à être découverte. Des belles plages de la côte aux vastes plateaux des montagnes dominant les villes, ces sœurs littorales offrent charme, air pur et spécialités gourmandes. L'hospitalité de mise dans la région ainsi que sa diversité culturelle s'ajoutent à la liste des attraits d'une destination à explorer d'urgence.

LA FÊTE SUR LES PLATEAUX

Quelle que soit leur envergure, les fêtes estivales se déroulent pour la plupart sur les hauts *yayla* (plateaux) des différents districts de la province d'Ordu. Ces événements culturels sont l'occasion, pour les habitants comme pour les visiteurs, de se rassembler autour de traditions régionales. Certains ne durent qu'une journée,

Incontournable !

1 / Goûtez les fameuses *fındık* (noisettes) et la pâte de noisettes de **Giresun**.

2 / Découvrez le délicieux **Görele pide**, sorte de pizza à la turque.

3 / Admirez le **Mavi Göl** ("lac Bleu"), qui prend une teinte turquoise, particulièrement en été, au milieu d'une nature verdoyante.

4 / Flânez sur **Yason Burnu**, une pointe qui s'avance dans la mer Noire et où se dressent une église ancienne et un phare blanc.

d'autres s'étendent sur plusieurs jours. Les fêtes de Perşembe, d'Aybastı, de Korgan, de Düzoba et du plateau de Çambaşı comptent parmi les plus populaires. La musique et la danse y sont toujours bien représentées, et l'on ne manque pas d'y entendre des airs locaux. Difficile de ne pas se joindre aux mouvements fougueux des danseurs en costumes traditionnels, surtout lorsqu'ils s'adonnent aux danses les plus populaires telles que le *horon* et le *halay*. Les compétitions de lutte traditionnelle à l'huile sont également très attendues : chaque lutteur tente de plaquer son adversaire à terre, dans l'herbe, encouragé par les spectateurs qui le soutiennent. Certaines fêtes comportent aussi des courses de chevaux.

BELLES RANDONNÉES NATURE

Les nombreux chemins de trekking des environs d'Ordu et de Giresun sont autant d'occasions de découvrir les superbes paysages de la région. Tout au long de l'année, des amateurs de randonnée viennent sillonner cette zone de hautes terres. En montant vers les nuages, par des routes sinueuses et des vallées encaissées, on se retrouve tantôt dans des forêts touffues, tantôt sur de vastes plaines dégagées. Ce paysage arrosé de précipitations importantes présente d'innombrables nuances de vert et des types de végétation très divers – parfois magnifiés par un arc-en-ciel. Les chemins

1

2

Double page précédente Plateau de Çambaşı, sur les hautes terres de la province d'Ordu **1** Rue pavée de la ville d'Ordu **2** Collines fleuries entaillées par un cours d'eau près de Görele, dans la province de Giresun

3 © alpaksoy/Getty Images

Remplissez vos narines des parfums de la mer Noire, arrêtez-vous dans des baies secrètes, buvez une tasse de *çay* (thé) dans un village de pêcheurs, et fendez les flots à bord d'un bateau.

EMINE FATOĞLU TOPKAYA
/ Guide touristique dans la région

de randonnée, souvent en altitude, sont enneigés l'hiver ; mieux vaut donc les arpenter à une saison plus clémente.

SPÉCIALITÉS CULINAIRES

Quand on pense aux spécialités régionales, ce sont tout de suite les *fındık*, les noisettes, qui viennent à l'esprit. Les provinces d'Ordu et de Giresun en sont la première région productrice mondiale. Les noisettes d'Ordu sont plus grosses et plus maigres, celles de Giresun plus petites et plus grasses. Arrêtez-vous dans les magasins des différentes villes pour en acheter, ainsi que des produits divers à base de noisettes.

Autre spécialité incontournable : le *pide*, sorte de pizza à la turque cuite dans un four en pierre et garnie de fromage, de viande ou de légumes. Quelle que soit sa forme ou sa taille, un *pide* est toujours délicieux !

Enfin, une fois que l'on est dans la région de la mer Noire, il est impensable de ne pas goûter le *muhlama*. Ce plat traditionnel est préparé à partir de *kolot* (un fromage

LES MEILLEURES
Fêtes locales

1 / **Fête de la culture et de la lutte à l'huile du plateau de Perşembe, Aybastı** Plus grande fête de la région. Dernière semaine de juillet.

2 / **Fête de Mayıs Yedisi** Célébrée en mai, elle comporte des rituels originaux, des concerts et des spectacles de danse.

3 / **Fête d'hiver du plateau de Çambarşı** Elle se tient en général en janvier et combine concerts, snowboard et courses tout-terrain.

4 / **Festival d'art et de culture de la langue sifflée** Aussi appelé fête de Kuş Dili, cet événement organisé à Kuşköy en septembre est dédié au langage sifflé de la région.

5 / **Fête du plateau de Düzoba, Kumru** Cet événement culturel qui se déroule en juillet associe lutte, concours de cuisine et concerts.

local), de beurre, de farine de maïs et d'eau. Il vous impressionnera à plusieurs titres : d'abord, par sa couleur et son arôme alléchant ; ensuite, grâce à ses interminables fils de fromage fondu ; enfin, par la saveur inoubliable qu'il imprimera dans votre bouche. Ne songez même pas à quitter la région sans faire l'expérience de ce plat riche consommé au petit déjeuner, sur la côte comme sur les plateaux !

3 Le *muhlama*, spécialité locale au fromage **4** Costume traditionnel des abords de la mer Noire **5** Le bien nommé Mavi Göl ("lac Bleu") de Giresun

Quand partir

Préférez le printemps ou l'été, lorsque le soleil brille et que la nature est en éveil. En automne et en hiver, le temps est souvent pluvieux et froid.

Comment s'y rendre

L'aéroport d'Ordu-Giresun se situe à 20 km du centre-ville d'Ordu et à 30 km de celui de Giresun. Il est desservi par des vols réguliers depuis/vers Istanbul, Ankara et Izmir. Les deux villes sont aussi accessibles par la route depuis les grandes cités du littoral que sont Trabzon (Trébizonde) et Samsun.

07

Bavière,
ALLEMAGNE

Incontournable !

1 / Passez une soirée dans un *Biergarten*, par exemple celui de la **Tour chinoise**, à Munich, ou le **Forchheimer Kellerwald**, à Forchheim.

2 / Descendez jusqu'au célèbre **château de Neuschwanstein**, sorti de l'imagination de Louis II de Bavière et niché dans l'écrin des Alpes.

3 / Sillonnez en bateau électrique le **Königssee**, superbe lac des environs de Berchtesgaden – la plus belle région des Alpes bavaroises, pourtant assombrie par son héritage nazi.

4 / Empruntez la **Route romantique**, un itinéraire spectaculaire qui traverse tout l'ouest de la Bavière.

Modernité affirmée et traditions préservées, perfection millimétrée et réjouissances arrosées de bière, culte du recyclage : l'État libre de Bavière (c'est son nom officiel) n'est pas sans contradiction, malgré une personnalité bien trempée. On observe la même diversité dans ses paysages, entre les forêts mystérieuses et les sommets enneigés, la Munich du XXIe siècle et les maisons à colombages des villages. Tout en fêtant ses coutumes, la Bavière embrasse le changement. Ses ambitions écologiques de pointe en témoignent. Alors, pourquoi ne pas profiter de 2025 pour découvrir ce Land éclectique ?

OKTOBERFEST EN SEPTEMBRE

Ce sur quoi on peut compter en 2025 (et, à vrai dire, à tout moment), c'est la qualité de la bière bavaroise (un avis qui ne fait peut-être pas l'unanimité en Belgique ou en République tchèque). Le fait qu'elle se déguste dans des *Bierpaläste* et des *Biergärten* traditionnels renforce le charme de l'expérience. En 2025, l'Oktoberfest de Munich, qui est la plus grande fête de la bière au monde, retrouvera, voire dépassera son intensité pré-Covid. On prévoit plus de six millions de visiteurs, plus de sept millions de litres de bière et des quantités industrielles de nourriture en accompagnement ! L'Oktoberfest de 2025 commencera le 20 septembre pour s'achever le 5 octobre. Car, oui, l'Oktoberfest, comme son nom ne l'indique pas, commence en septembre : sans doute pour mieux profiter du beau temps et des longues journées.

ALLER PLUS HAUT

On ne connaît pas la Bavière sans avoir vu ses paysages naturels, et les plus beaux se trouvent probablement dans la partie des Alpes qui se déploie le long de la frontière autrichienne. La ville de Garmisch-Partenkirchen, une station de sports d'hiver, a l'avantage d'être propice aux activités de plein air quelle que soit la saison, et pas seulement pour les skieurs. Ne manquez pas le train à crémaillère qui monte tout en haut du point culminant de l'Allemagne, le Zugspitze (2 962 m). Cela fait bientôt un siècle qu'il effectue ce trajet impressionnant, semblant défier la gravité ; lorsque les conditions sont favorables, le panorama est éblouissant. La région se prête aussi à de belles randonnées, notamment dans la superbe gorge de la Partnach.

Double page précédente Le château de Neuschwanstein a inspiré celui de *La Belle au bois dormant* des studios Disney
1 Oktoberfest de Munich – *Prost* ! **2** Sommet du Zugspitze, accessible en téléphérique ou en train à crémaillère

1

Une vraie journée munichoise débute par un petit-déjeuner avec deux saucisses de veau (*Weißwurst*), un bretzel croustillant, de la moutarde douce et une bière blanche.

JOSÉ PAVEZ
/ Guide touristique à Munich

3

4

3 © Yulia Furman/Shutterstock 4 © bluejayphoto/Getty Images 5 © Michael Abid/Alamy

LA PASSION DU FUßBALL

En 2024, l'Allemagne a accueilli le Championnat d'Europe de football, tandis que l'Allianz Arena de Munich recevra la finale de la Ligue des champions de l'UEFA le 31 mai 2025. La façade aux 2 874 coussins d'air de ce stade, particulièrement spectaculaire, s'illumine de couleurs qui diffèrent selon l'équipe qui y joue. S'éclairera-t-elle en rouge, la couleur du Bayern Munich, au mois de mai ? Ce serait la cerise sur le gâteau pour l'équipe star du championnat allemand qui, en 2025, célébrera ses 125 ans d'existence. Le Bayern fait aussi partie des clubs qualifiés pour la Coupe du monde des clubs de la Fifa, qui se déroulera aux États-Unis en 2025, un événement qui sera sans aucun doute suivi avec beaucoup d'intérêt dans les pubs et les *Bierpaläste* bavarois !

L'AVENIR S'ÉCRIT EN GRÜN

Si les joueurs du Bayern Munich sont en rouge, la Bavière préfère porter le vert,

5

et pas uniquement celui des champs de houblon. Elle se distingue sur le plan mondial par son engagement en faveur de l'environnement et de la durabilité, et parvient à mettre en place les stratégies et les recherches nécessaires à la réalisation de ses objectifs. Gestion des déchets, pollution sonore, contrôle de la qualité de l'air, surveillance de la pollution électromagnétique : au-delà des mots, la Bavière traduit en actes ses résolutions vertes.

3 Commencez la journée par un petit-déjeuner bavarois à base de *Weißwurst* (peut-être accompagné d'une bière !) **4** Le Königssee, au milieu des montagnes, et la chapelle Sankt Bartholomä, coiffée de bulbes **5** Rothenburg ob der Tauber, petit bijou médiéval sur la Route romantique

Quand partir

Munich se visite en toute saison. Pour le reste du Land, préférez la période allant de la fin du printemps à l'automne (de mai à octobre) – ou de décembre à mars pour les sports d'hiver.

Comment s'y rendre

L'aéroport de Munich est un des mieux desservis d'Europe, avec des vols venant du monde entier. Vous pouvez aussi atterrir à Francfort, bien reliée à la Bavière par voie terrestre. Trains directs de Paris et Strasbourg. Réseau ferroviaire très développé entre la Bavière et le reste du pays, mais aussi l'Autriche et la République tchèque.

À lire

Louis II de Bavière. Le trône et la folie, de Catherine Decours, passionnante biographie du monarque.

08

Est-Anglie, ROYAUME-UNI

Incontournable !

1 / Écoutez la mélodie apaisante du vent dans les roseaux tout en observant les oiseaux des réserves de **Minsmere** et **Cley Marshes**.

2 / Visitez les bibliothèques et les musées, arpentez les pelouses de l'université de **Cambridge**, où étudièrent Isaac Newton, Stephen Hawking, Charles Darwin et quelques Monty Python.

3 / Découvrez la richesse de la vie culturelle de **Norwich**, qui rassemble théâtres, salles de concerts, lieux d'exposition et scène culinaire inventive.

4 / Explorez le North Norfolk en reliant Cromer et King's Lynn en bus : réserves ornithologiques, plages, visite du superbe **Holkham Hall** et dégustations de fruits de mer.

L'est de l'Angleterre est une terre énigmatique, un vestige du passé anglais mais sans les attrape-touristes de rigueur. L'Est-Anglie regroupe quatre comtés : Suffolk, Norfolk, Essex et Cambridgeshire. Les villages aux maisons à colombages du XVIe siècle et les anciennes villes lainières étonnamment à la page côtoient un littoral de plages et de réserves ornithologiques, où résonne au printemps le chant profond des butors. Certains sites sont touristiques (Cambridge, les canaux et rivières des Norfolk Broads) ; d'autres demeurent des enclaves hors du temps et de la course à la modernité. De quoi voir l'Angleterre d'un autre œil.

ANCIENNE, MAIS PLEINE DE VIE

Le paysage de l'Est-Anglie, ancien cœur de l'industrie lainière anglaise, est imprégné du passé. La prospérité médiévale a laissé derrière elle des demeures palatiales, des cathédrales majestueuses et quelques universités de grand prestige. Pourtant, l'Histoire ici n'a rien d'engoncé ni de caricatural ; le patrimoine reste vivant, l'artisanat traditionnel se perpétue, et les édifices anciens soigneusement préservés sont toujours des lieux de vie. Si vous louez un cottage, il y a de grandes chances pour qu'il soit de guingois, à colombages et plus vieux que la plupart des nations modernes.

Pourquoi visiter l'Est-Anglie en 2025 ? Parce que son attrait commence à se savoir et que ses cottages centenaires sont de plus en plus prisés. Les villes de Cambridge et de Norwich sont d'excellents points de chute pour explorer les côtes du Suffolk et du Norfolk. Dès la descente du train, vous sentirez un ralentissement du rythme – une expérience de plus en plus rare dans les régions denses et trépidantes de l'île.

DÉLICES DE LA MER

L'Est-Anglie est passée à l'alimentation bio, locale et de saison bien avant que la tendance ne se généralise. Optez pour la sophistication – telle celle des créations inspirées de Daniel Clifford en sa Midsummer House, à Cambridge – ou pour la simplicité, en vous régalant de poisson fraîchement pêché et de frites dans les villes côtières d'Aldeburgh et de Southwold. Grâce aux pêcheries protégées du Wash (baie de forme carrée au nord du Norfolk), l'Est-Anglie n'a jamais perdu son penchant pour les poissons et fruits de mer, comme ce fut le cas de beaucoup d'autres régions avec le déclin de

Double page précédente Norwich, traversée par la Wensum et dominée par sa magnifique cathédrale **1** Trinity Street, à Cambridge, avec la tour de St John's College au fond **2** Maisons à colombages de Lavenham, bourgade du Suffolk

Double page précédente © Helen Hotson/Shutterstock **1** © gowithstock/Shutterstock **2** © Andy333/Shutterstock

3

J'adore ces bourgs pittoresques, avec leurs boutiques étonnantes et leur ambiance villageoise. La région offre aussi de superbes zones naturelles, comme Minsmere ou Dersingham Bog, et des paysages magnifiques.

ANNETTE SALKELD
/ Garde, North Suffolk Coast Reserves, RSPB

4

la pêche britannique lors de la Seconde Guerre mondiale. Huîtres, moules, crabe, poisson fumé et crevettes figurent à la carte. Les friteries ont également la cote, les frites y accompagnant homard ou moules marinières. Les meilleurs coins gourmands sont Cambridge, le village de Dedham (Essex), la côte nord du Norfolk (où chaque village propose sa spécialité de la mer) et Norwich, où, le week-end, St Benedicts Street rivalise avec Londres en termes de restaurants...

L'EST À LA POINTE

Cette région chargée d'histoire a aussi une longue tradition de rébellion, d'opposition à l'ordre établi, de créativité à rebours de l'orthodoxie. C'est la terre natale du révolutionnaire Oliver Cromwell (à l'héritage très controversé ; 1599-1658), du producteur et musicien pionnier Brian Eno (né en 1948) et de la reine guerrière Boudicca (Ier siècle). Théâtres confidentiels, centres culturels communautaires et lieux d'art aménagés dans d'anciennes églises accueillent toutes sortes d'événements, des spectacles politiques aux performances radicales en passant par les concerts de *thrash metal*. Les villes étudiantes de Norwich et Cambridge sont particulièrement dynamiques : chaque coin

3 © Magdanatka/Shutterstock 4 © Mark Caunt/Shutterstock 5 © Archer Photo/Shutterstock

de rue semble cacher une initiative artistique inattendue. La musique, mainstream ou expérimentale, est à l'honneur de nombreux festivals tels que Latitude ou le Cambridge Folk Festival ; le festival d'Aldeburgh, fondé par le compositeur Benjamin Britten (1913-1976), qui résidait dans la bourgade, est dédié à la musique classique. Le domaine des arts visuels est tout aussi vivant à travers des lieux comme Firstsite, à Colchester, le jardin de sculptures de Houghton Hall ou encore Kettle's Yard, à Cambridge. Il se passe toujours quelque chose en Est-Anglie !

3 Cabanon à fruits de mer à Aldeburgh **4** Écoutez le chant du butor étoilé dans la réserve naturelle de Minsmere, propriété de la RSPB (Société royale pour la protection des oiseaux)
5 Southwold : ambiance balnéaire dans l'East Suffolk

Quand partir

L'Est-Anglie est superbe à la fin de l'été, lorsque les longues soirées s'écoulent sur les terrasses des pubs ou en promenades sur le front de mer. De juin à septembre, il est indispensable de réserver pour les hébergements, les sorties en bateau sur les Broads et les restaurants du North Norfolk.

Comment s'y rendre

Des trains rapides et fréquents desservent Cambridge, Norwich et Lowestoft. Louer une voiture permet d'explorer aisément la région, mais les bus locaux relient la plupart des villes et villages.

À lire

Le Pays des eaux, de Graham Swift, se déroule dans les marais des Fens en temps de guerre.

09

Jordan Trail, JORDANIE

La Jordanie est une fleur du désert, un havre de paix et de stabilité qui s'épanouit au cœur d'une région troublée. Réputée pour ses cités antiques, elle donne pourtant le pouls du Moyen-Orient d'aujourd'hui. L'année 2025 fournit une autre excellente raison de visiter ce pays, puisqu'elle marquera les dix ans du Jordan Trail, superbe itinéraire de randonnée qui déroule ses chemins poussiéreux à travers les oliveraies et le silence imposant des *wadi* (vallées). C'est à pied que l'on découvre au mieux cette contrée fascinante.

UNE RANDONNÉE HORS DU COMMUN

Peu de gens vont au Proche-Orient pour randonner. Certains sont dissuadés par l'image de fournaise du désert, d'autres par la perspective de transporter des litres d'eau sur des

Incontournable !

1 / Commencez (ou concluez) votre périple sur le Jordan Trail par un repas au **Hashem**, restaurant en plein air de la capitale, Amman. Goûtez absolument aux falafels.

2/ Découvrez Siq al-Barid, la **Petite Pétra**, des ruines nabatéennes situées à 8 km au nord de Pétra.

3 / Avant d'entreprendre les montées éreintantes du Jordan Trail, faites le plein d'énergie en buvant des tasses de **thé à la menthe** sucré.

4 / Faites fi du vertige et escaladez les arches naturelles en grès de la vallée du **Wadi Rum**.

kilomètres arides. Pour beaucoup, la région est synonyme de frontières et d'interdits – un endroit où se déplacer en toute liberté serait inconcevable. Il est vrai que la création du Jordan Trail, en 2015, était presque un acte révolutionnaire. Cet itinéraire de randonnée de 676 km, qui va fêter ses dix ans, traverse la Jordanie du nord au sud. Ce périple est à la fois une remontée dans le temps et une aventure dans des paysages aussi divers qu'époustouflants. L'extrémité nord se trouve au milieu des vergers et des oliveraies des abords de la frontière syrienne ; l'extrémité sud, dans un désert rougeoyant au bord de la mer Rouge. Il suffit d'en parcourir une petite section pour découvrir une facette du pays méconnue de la plupart des touristes – car, au fond, le Jordan Trail est une initiative communautaire. Le jour, vous serez peut-être guidé par des bergers locaux et vous arrêterez de temps à autre pour préparer du thé sur un feu de broussailles. La nuit, vous reposerez vos membres fatigués sur un matelas sous les étoiles, dans un campement de Bédouins. Car le Jordan Trail donne aussi quantité d'occasions de constater à quel point le sens de l'hospitalité est précieux en Jordanie.

DE SUPRISE EN SURPRISE

Le Jordan Trail a été conçu de sorte à passer par plusieurs lieux remarquables. C'est le cas de certains paysages, comme l'étendue torride et salée de la mer Morte – dont le rivage est le point émergé le plus bas

Double page précédente Paysage lunaire du Wadi Rum **1** Petit coin d'ombre sous une arche du Wadi Rum **2** Campement à la belle étoile sur le Jordan Trail

3

Avoir la liberté de se déplacer est essentiel pour un Bédouin. Marcher, c'est ma vie. Marcher en compagnie des bonnes personnes, il n'y a rien de tel pour garder le sourire.

MOHAMMED AL HOMRAN

/ Berger et guide sur le Jordan Trail

4

3 © Justin Foulkes/Lonely Planet 4 © ChameleonsEye/Shutterstock 5 © Sophie Dover/Getty Images 6 © Oleh_Slobodeniuk/Getty Images

de la planète – ou le paysage monolithique du Wadi Rum. Au bord du chemin se trouvent aussi les vestiges de civilisations anciennes : l'ancienne cité grecque de Gadara sert de prélude au château d'Ajloun, qui date de l'époque des croisades, et aux imposantes fortifications du château de Karak. Un site, pourtant, éclipse tous les autres : Pétra. Le tronçon de quatre jours reliant Dana à Pétra est le plus populaire du Jordan Trail, et sans doute le plus beau. Il offre une nouvelle perspective sur la légendaire cité troglodytique, tandis que l'on approche le sanctuaire par les *wadi* à la manière des marchands d'antan. Cette partie du chemin réserve d'autres surprises. Vous entendrez peut-être l'écho des sabots du bouquetin de Nubie dans les canyons de la réserve de biosphère de Dana. Vous passerez peut-être la soirée à observer le ciel au Feynan Ecolodge, bel hôtel éclairé à la bougie (pas d'électricité) et dont le toit-terrasse offre un point de vue superbe sur les constellations. Vous vous sentirez coupé de toute civilisation dans les canyons

profonds et reculés du Wadi Feid, avant de fendre la foule un jour ou deux plus tard dans la cité de Pétra, où la façade du Monastère se brouille dans les brumes de chaleur. Que vous choisissiez de vous arrêter à Pétra pour explorer les sombres tombeaux creusés par les Nabatéens il y a 2 000 ans ou de continuer vers le sud jusqu'au Wadi Rum, vous ne pourrez que constater que le Jordan Trail a sa place parmi les plus beaux chemins de longue randonnée du monde. Il symbolise une sorte d'épopée nationale. Seul hic de ce périple magique : vous ne couperez pas au sac à dos rempli d'eau potable…

3 Marche dans les *wadi* abrupts du Jordan Trail **4** Ravitaillement dans une tente bédouine **5** La Khazneh ("Trésor") de Pétra **6** Pétra vue d'en haut

Quand partir

Les hautes saisons touristiques en Jordanie sont plutôt le printemps et l'automne, de février à mai et de septembre à novembre. En été, la chaleur est trop cuisante pour envisager de parcourir le Jordan Trail. La randonnée peut se faire en hiver, mais il y a parfois de la neige sur les hauteurs, par exemple autour de Dana. Des randonnées guidées sur l'ensemble du Jordan Trail sont proposées sur le site Internet officiel de l'itinéraire ; elles ont lieu à peu près deux fois par an.

Comment s'y rendre

La plupart des visiteurs arrivent en Jordanie via l'aéroport international Reine-Alia, à Amman. Le réseau de bus JETT, très efficace, dessert différentes destinations le long du Jordan Trail, dont Pétra et le Wadi Rum.

10

Mont Hood et gorges de la Columbia,

ÉTATS-UNIS

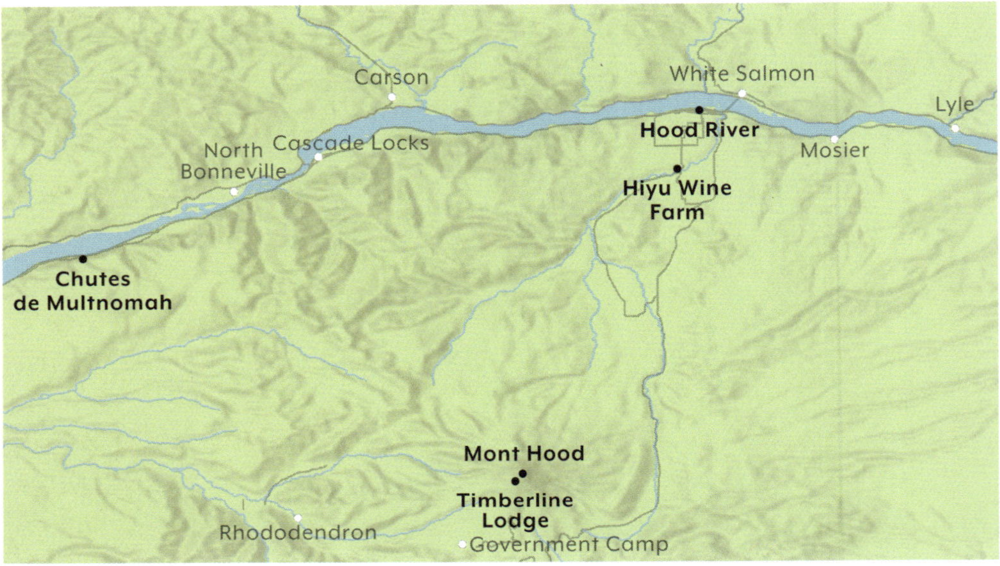

Vos vacances idéales, c'est plutôt une randonnée de 8 km jusqu'à une cascade ou un verre de vin dégusté sur un balcon surplombant un vignoble ? Dans la région du mont Hood, nul besoin de choisir. Situé à 40 minutes de Portland la gastronome, ce coin décontracté du Nord-Ouest Pacifique à la géographie bien caractéristique a vu naître une scène culinaire créative et éthique – un atout aussi séduisant que les activités de plein air qui font depuis longtemps sa réputation.

AIR PUR ET GRANDS ESPACES

Peu de paysages naturels présentent des visages aussi variés tout en restant à la fois accessibles et gratifiants pour les amateurs d'aventure. Skieurs, snowboardeurs, randonneurs et véliplanchistes sont dans la confidence depuis plusieurs dizaines d'années. Connaissez-vous beaucoup d'endroits où une randonnée de 64 km décrivant le tour d'une montagne

Incontournable !

1 / Faites halte à **Hiyu Wine Farm**, restaurant et vignoble pratiquant le *field blend*, assemblage de cépages cultivés sur un même terrain et fermentés ensemble.

2/ Randonnez jusqu'aux **chutes de Multnomah** : le spectacle est superbe en toute saison, et des chemins mènent à d'autres cascades.

3 / Offrez-vous un séjour luxueux sur le **mont Hood** au **Timberline Lodge**, joyau de "Parkitecture". Le petit-déjeuner est légendaire.

4 / Prenez un bol d'air à **Hood River**, capitale mondiale de la planche à voile. Bière et cuisine y valent aussi le détour.

– le Timberline Trail – part du parking d'un hôtel de luxe historique ? Où l'on conclut une excursion en kayak par un burger et une bière artisanale ? Beaucoup de visiteurs attirés par les possibilités d'activités en plein air sont aussi conquis par la scène culinaire locale.

Des versants boisés des gorges de la Columbia au profil pointu du mont Hood, en passant par les vergers plantés entre les deux, les paysages de cette région peu étendue offrent une belle diversité. Les nombreux microclimats sont propices à la culture des pommes, des poires, des fruits rouges et, bien sûr, de la vigne. Car les gorges de la Columbia s'affirment sérieusement sur la carte des régions viticoles, après un certain temps passé dans l'ombre de la vallée de la Willamette. La clé du succès ? La variété. Des cépages divers prospèrent dans les différents microclimats de la région. Et là où il y a du bon vin, il y a souvent de bonnes tables...

LA BOUCLE DES FRUITS

La vallée de la rivière Hood compte une trentaine d'exploitations – maraîchage, vergers, vignobles, cidreries et brasseries qui tirent le meilleur de la fertilité des terres pour remplir avec talent verres et assiettes. Pommiers, poiriers et cerisiers sont cultivés dans la région depuis les années 1850, mais les microbrasseries, les cidreries et les restaurants s'approvisionnant directement chez les producteurs ont fait leur apparition plus récemment. Certaines des meilleures

Double page précédente Gorges de la Columbia à l'heure dorée **1** Chutes Ramona, sur le flanc ouest du mont Hood **2** Pommeraie dans la vallée de la Hood

3

> Quel que soit le sentier que l'on emprunte, tout est source d'émerveillement : un grand arbre verdoyant, le courant vif d'une rivière ou un minuscule champignon sur une souche.

AMANDA PARROTT
/ Habitante de Hood River

4

3 © Anna Gorin/Getty Images 4 © Cavan Images/Modoc Stories/Getty Images 5 © Theerapat Chawannakul/Shutterstock 6 © DaveAlan/Getty Images

adresses s'égrènent le long de la Fruit Loop, la "boucle des fruits", un itinéraire de 56 km par des routes de campagne.

Poussez la barrière d'une ferme familiale ancestrale pour récolter vous-même vos produits, comme Draper Girls ou Kiyokawa Family Orchards, deux exploitations du village de Parkdale. Ouvrez un pot de confiture de mûres ou savourez une pinte de cidre non filtré pour découvrir les fruits locaux dans leur version transformée. Entrez dans la salle de dégustation de l'un des nombreux domaines viticoles de la région et élisez la bouteille de vos rêves. En quelques kilomètres, vous devriez trouver de quoi faire un festin de produits locaux avant de partir à l'assaut des chemins de montagne.

TRADITIONS CULINAIRES

Le saumon et la truite arc-en-ciel, qui remontent la Columbia pour frayer, constituent une source d'alimentation essentielle dans le Nord-Ouest Pacifique. Les Yakamas, les Warm Springs, les Umatillas et les Nez-Percés les pêchent depuis des milliers d'années. Traditionnellement, ils montaient sur des pêcheries sur pilotis et attrapaient les saumons grâce à des filets fixés au

5

6

bout de longues perches – une technique requérant force et adresse. Aujourd'hui, on peut acheter son poisson directement auprès des pêcheurs, qui perpétuent cette technique ou ont recours à d'autres plus modernes, sur la rive même du fleuve. Guettez les écriteaux *"Fresh Fish"* près du Bridge of the Gods ("pont des dieux"), ou rendez-vous au Brigham Fish Market de Cascade Locks, un restaurant tenu par deux sœurs appartenant aux tribus confédérées de la réserve indienne umatilla.

3 Le mont Hood enneigé vu depuis l'État de Washington **4** Assiette de charcuterie accompagnant une dégustation de vin, dans l'Oregon **5** Les chutes de Multnomah, un des sites les plus marquants des gorges de la Columbia **6** La belle Historic Columbia River Highway serpente en surplomb de la Columbia

Quand partir

Le printemps (avril-mai) et l'automne (septembre-octobre) offrent une combinaison idéale de beau temps, de paysages colorés et de produits frais. De mi-juillet à fin août, la chaleur peut être éprouvante – mais c'est aussi la saison des pêches. En hiver, skieurs et snowboardeurs prennent d'assaut le mont Hood.

Comment s'y rendre

L'aéroport international de Portland se trouve à 94 km de Hood River.

À lire

Dans *L'Autre Côté du rêve*, d'Ursula K. Le Guin, roman de science-fiction sur le pouvoir des rêves et des cauchemars, le mont Hood est très présent.

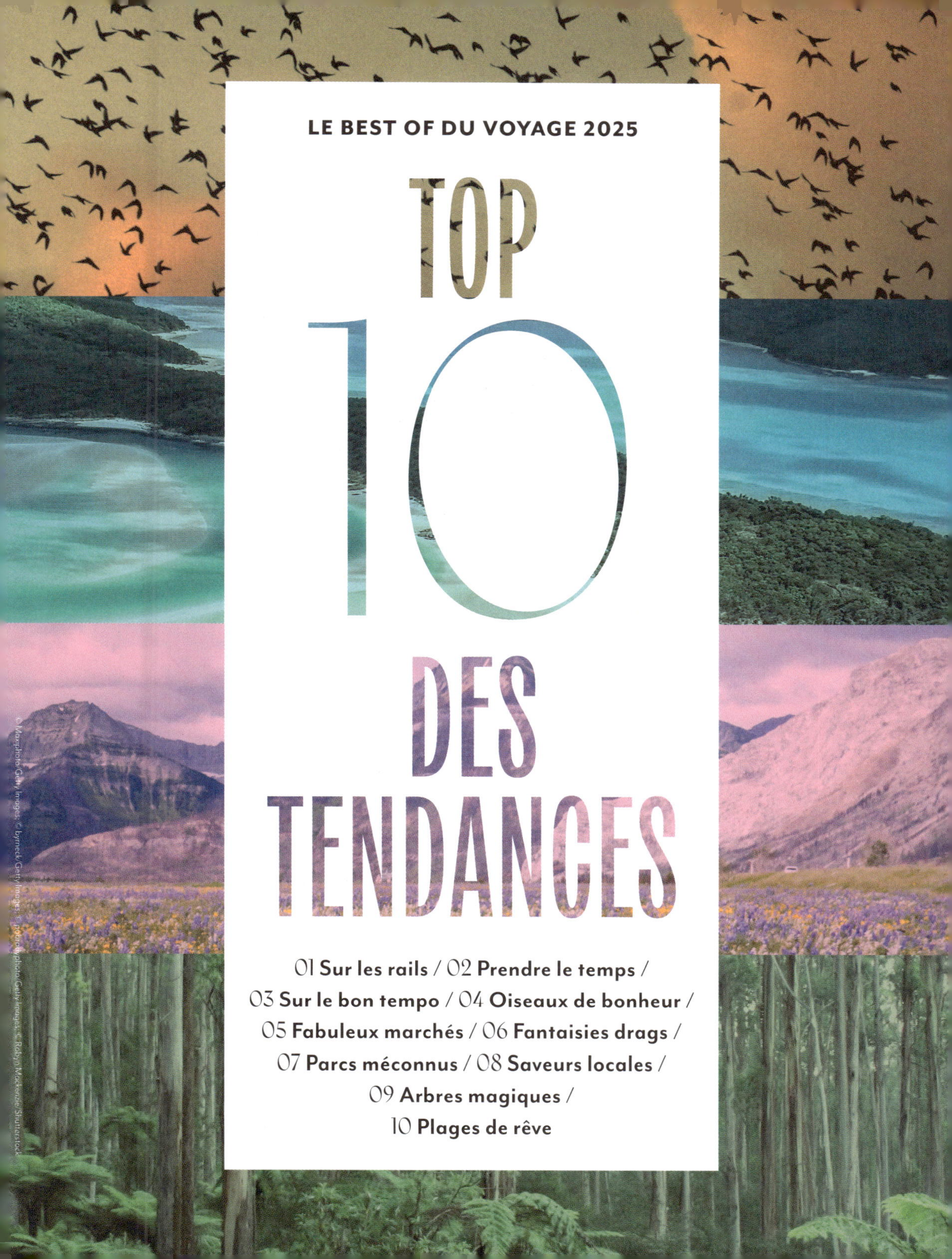

LE BEST OF DU VOYAGE 2025

TOP 10 DES TENDANCES

01 **Sur les rails** / 02 **Prendre le temps** /
03 **Sur le bon tempo** / 04 **Oiseaux de bonheur** /
05 **Fabuleux marchés** / 06 **Fantaisies drags** /
07 **Parcs méconnus** / 08 **Saveurs locales** /
09 **Arbres magiques** /
10 **Plages de rêve**

SUR LES RAILS

TOP 10 DES VOYAGES EN TRAIN

Des traversées continentales épiques aux trajets paisibles sur des lignes secondaires, les périples ferroviaires offrent des expériences inoubliables.

01 / Monorail Shonan, Japon

Petit mais puissant, ce train suspendu à des rails aériens assure un trajet grisant de 6,5 km aux résidents de Tokyo et de Yokohama (et aux visiteurs) qui se rendent aux plages, aux bains et aux parcs du secteur d'Enoshima. Si le Japon est trop loin pour vous, un équivalent existe à Wuppertal, en Allemagne.

02 / Skeena (de Prince Rupert à Jasper), Canada

Le Canada est réputé pour ses voyages en train exceptionnels, et celui-ci touche à la perfection. Deux jours à travers les Rocheuses, avec une escale à Prince George permettant quelques visites en journée.

03 / Sunset Limited, États-Unis

Légende américaine, le Sunset Limited effectue trois fois par semaine le pèlerinage entre La Nouvelle-Orléans et Los Angeles via San Antonio, Tucson et Phoenix, reliant cinq États en 48 heures.

04 / Septemvri-Dobrinichte, Bulgarie

Délaissez la ligne principale entre Sofia et Plovdiv pour ce vénérable chemin de fer à voie étroite, emprunté par les touristes mais aussi par les habitants. Préparez-vous à des montées très raides et à des points de vue extraordinaires pour atteindre Avramovo (1 267 m), la plus haute gare des Balkans.

05 / Renouveau des trains, Cuba

Un nouveau matériel roulant a amélioré la vitesse, la fiabilité, le confort et les services sur la ligne principale, de La Havane à Santiago de Cuba. Sur d'autres tronçons, notamment la célèbre ligne Hershey, l'atmosphère vintage et les imprévus font tout le charme du voyage.

06 / Bentham Line, Royaume-Uni

Cette ligne quasiment secrète relie Leeds, dans le Yorkshire, à Morecambe, sur la côte du Lancashire. On peut se contenter d'un aller-retour dans la journée pour admirer les paysages, ou organiser un séjour avec pubs chaleureux et randonnées dans le parc national des Yorkshire Dales, depuis les gares de Clapham et Giggleswick.

07 / Montpellier-Perpignan, France

Le TGV entre Paris et le Roussillon modère son élan à l'approche de la côte, en particulier vers Béziers et Narbonne. En descendant vers le sud, asseyez-vous du côté gauche pour profiter de la vue sur la Méditerranée et sur les marais salants constellés de flamants roses.

4

08 / Karwar Express, Inde

Après avoir dégusté la bière artisanale et les délices caféinés de Bangalore, un trajet à bord du Karwar Express prépare idéalement au rythme languide et aux plaisirs balnéaires de Gokarna. Il faut un peu plus de 15 heures pour parcourir 711 km à travers la végétation tropicale, particulièrement luxuriante sur les collines entre Sakleshpur et Subramanya.

09 / Train du Désert, Mauritanie

Un périple pour qui ne craint pas de se salir. Voyager à bord du train du Désert, de Zouerate à Nouadhibou à travers le Sahara mauritanien, implique de passer une journée et une nuit à ciel ouvert, installé sur un tas de minerai fraîchement extrait. Il y a bien une voiture avec des sièges classiques, mais ce n'est pas l'idée. Renseignez-vous auprès des habitants sur place.

10 / Braşov-Ploieşti, Roumanie

Ce superbe tronçon d'un itinéraire plus long entre Budapest et Bucarest traverse le paysage forestier des Carpates, peuplées d'ours, émaillées de châteaux et sillonnées de chemins de randonnée. Le secteur abrite aussi les stations de ski les plus connues de Roumanie – en hiver, c'est là que descendent la plupart des voyageurs.

PRENDRE LE TEMPS

TOP 10 DES DESTINATIONS LOIN DE L'AGITATION

Le tourisme lent, c'est une façon de voyager qui permet de changer de rythme, de se rapprocher de la nature et de libérer son esprit des trépidations de la vie moderne.

01 / Lough Erne, Irlande du Nord

Deux lacs reliés par un fleuve composent le lough Erne, fascinant mélange de voies d'eau sinueuses et de baies dissimulées. Jadis, les îles du lough comptaient plusieurs monastères, autant de centres majeurs d'apprentissage et d'innovation. Aujourd'hui, elles abritent surtout des oiseaux, des vaches et des moutons.

02 / **Train Indian Pacific, Australie**

Reliant Adélaïde et Perth, ce trajet en train dure deux jours et deux nuits. Le temps fort : une journée complète dans le désert, en particulier dans la fascinante plaine de Nullarbor, dépourvue d'arbres. Dégustez un cocktail en regardant le vide défiler à la fenêtre.

03 / **Nagaland, Inde**

Vous pourrez passer des semaines dans le Nagaland sans croiser le moindre visiteur. Longtemps considéré comme l'"Est sauvage" de l'Inde, c'est un lieu de beauté primitive et de cultures tribales, où les montagnes et les vallées dévoilent un autre monde.

04 / **Tubagua, République dominicaine**

Radicalement différente des stations balnéaires populaires, Tubagua, dans les terres, est idéale pour découvrir les subtilités du mode de vie dominicain, grâce à des projets de tourisme communautaire. On y trouve aussi l'un des meilleurs écolodges des Caraïbes, le Tubagua Ecolodge.

05 / **Parc national de Big Bend, États-Unis**

Les montagnes rencontrent le désert à Big Bend, vaste parc national niché dans une région isolée de l'ouest du Texas. Ce site reçoit moins de 10% du nombre de visiteurs du Grand Canyon, ce qui signifie que les visites et excursions de plusieurs jours – par exemple du rafting sur le río Grande – sont plus faciles à réserver.

06 / **Île d'Ibo, Mozambique**

Marquée par une histoire tumultueuse, cette île des Quirimbas est très peu fréquentée. Des villas délabrées et des édifices effondrés, envahis de mousse, bordent ses rues sans voitures. Le parc national des Quirimbas englobe la plupart des îles du sud de l'archipel (dont Ibo, Medjumbe et Matemo), ainsi qu'un vaste pan de mangrove et de forêt du continent. Plages sublimes, îles de corail et hôtels respectueux de l'environnement.

07 / **Jökulsárlón, Islande**

Des icebergs se détachent du Fjallsjökull, le plus grand glacier d'Europe, puis dérivent en direction de la mer et s'échouent sur les bancs de sable du gigantesque lac proglaciaire de Jökulsárlón.

08 / **Rivière Tatai, Cambodge**

Les expéditions en bateau ou kayak sont quasiment les seuls moyens de pénétrer cette jungle isolée riche en mammifères et en oiseaux. Des journées paisibles et des nuits passées à écouter les sons de la forêt tropicale.

09 / **Bwindi, Ouganda**

Une rencontre avec les gorilles est un moment magique. Rien ne pourra vous préparer à leur incroyable beauté, à leur regard expressif, à leurs attitudes si proches des nôtres et à leur fascinant mélange de force et de douceur.

10 / **Désert d'Atacama, Chili**

D'une clarté sans égale, le ciel nocturne du nord du Chili se déploie au-dessus de déserts de sel brûlants, de montagnes arides, de plages désolées et de cactus multicolores. Observer les étoiles depuis le paysage le plus lunaire de la Terre pourrait bouleverser votre vie.

5

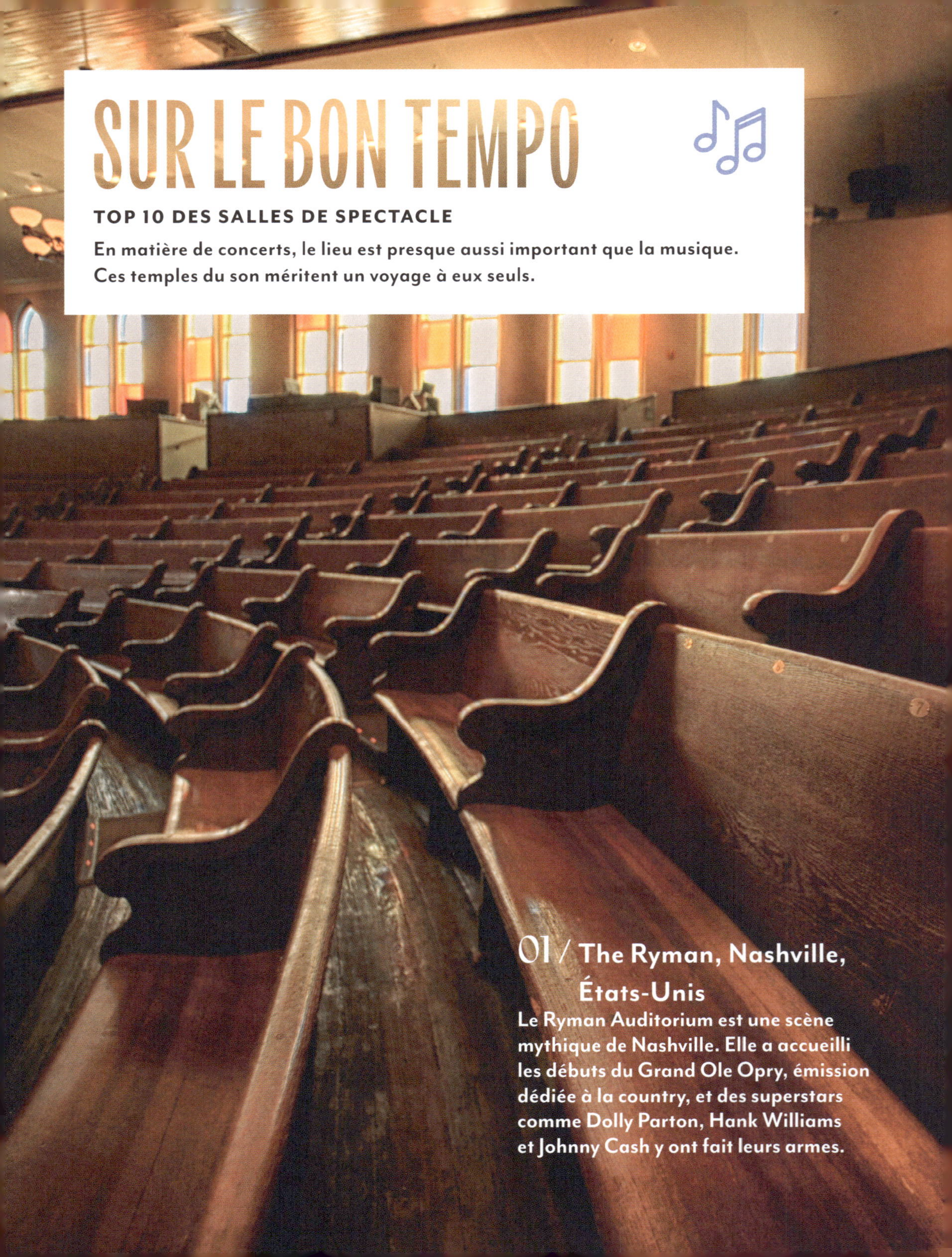

SUR LE BON TEMPO

TOP 10 DES SALLES DE SPECTACLE

En matière de concerts, le lieu est presque aussi important que la musique. Ces temples du son méritent un voyage à eux seuls.

01 / The Ryman, Nashville, États-Unis

Le Ryman Auditorium est une scène mythique de Nashville. Elle a accueilli les débuts du Grand Ole Opry, émission dédiée à la country, et des superstars comme Dolly Parton, Hank Williams et Johnny Cash y ont fait leurs armes.

3

02 / Hayden Homes Amphitheater, Bend, États-Unis

Un concert estival sur la plus vaste pelouse de Bend est le rêve de tout mélomane. Au bord de la rivière Deschutes, dans l'Oregon, ce site immense mais chaleureux invite à la détente. Prenez une chaise longue, commandez une bière locale et de quoi grignoter dans un food truck, et laissez-vous porter par la musique.

03 / Rudolfinum, Prague, République tchèque

Conçu en 1884 par les architectes tchèques Josef Schulz et Josef Zítek, le prestigieux Rudolfinum est un des plus beaux édifices néo-Renaissance de Prague. Il accueille l'Orchestre philharmonique tchèque et abrite l'impressionnante salle Dvořák, un des meilleurs lieux de la capitale tchèque pour la musique classique.

04 / De Barra's Folk Club, Clonakilty, Irlande

Surnommée le "Carnegie Hall de Cork" – les murs sont tapissés de photos et de coupures de presse, de masques et d'instruments de musique –, cette institution du comté de Cork est une des meilleures adresses du pays pour écouter de la musique traditionnelle irlandaise, une pinte de bière à la main.

05 / Dalhalla, Rättvik, Suède

Creusé dans le calcaire d'une ancienne carrière, en pleine forêt, à côté de Rättvik, ce site encaissé et à ciel ouvert bénéficie d'une acoustique exceptionnelle. Le cadre mirifique est aussi attrayant que les concerts de rock et les opéras programmés chaque été.

06 / Hollywood Bowl, Los Angeles, États-Unis

Les étés de Los Angeles ne seraient pas les mêmes sans les concerts sous les étoiles au Bowl, un gigantesque amphithéâtre naturel dans les collines de Hollywood. La saison se déroule généralement de juin à septembre, avec des symphonies, des orchestres de jazz et des spectacles légendaires.

07 / Opéra royal, Mumbai, Inde

Commande du roi Georges V achevée en 1916, le seul Opéra encore debout en Inde a rouvert ses portes en fanfare un siècle plus tard exactement, après avoir été fermé dans les années 1990. Des portraits de musiciens sont peints sur le plafond de cet édifice emblématique du secteur de Chowpatty.

08 / Forum, Melbourne, Australie

Une des plus belles salles de concert de la ville. La façade de style mauresque est époustouflante, avec une profusion de minarets, de coupoles et de dragons. L'intérieur est tout aussi réussi, avec le ciel nocturne de l'hémisphère Sud représenté sur la voûte du plafond.

09 / Théâtre municipal, Hô Chi Minh-Ville, Vietnam

Construit en 1898 et également appelé Opéra de Saigon, ce théâtre est un des édifices les plus emblématiques de la ville. Pour pénétrer à l'intérieur et admirer ses lustres raffinés, ses statues de bronze et ses superbes sols en granit, il faut obligatoirement assister à un spectacle.

10 / Mansa Floating Hub, Mindelo, Cap-Vert

Imaginé pour résister aux effets du changement climatique, ce "centre musical flottant" est fabriqué à partir de trois bois durables et se compose de plusieurs structures en forme de A, reliées entre elles. Conçu par Kunlé Adeyemi, du cabinet NLÉ basé à Amsterdam, le lieu accueille une sélection tournante d'artistes.

OISEAUX DE BONHEUR

TOP 10 DES ESPÈCES AVIAIRES À OBSERVER

Découvrez nos amis à plumes les plus remarquables, ainsi que les environnements extraordinaires dans lesquels ils paradent et construisent leur nid.

01 / Casoar, Australie

Si les oiseaux étaient des groupes de musique, le casoar serait Black Sabbath. Pouvant atteindre 2 m de haut, doté d'un plumage noir épais et coiffé d'un casque résistant à toute épreuve, ce volatile patrouille dans la forêt tropicale de Daintree, dans le Queensland.

2

02 / **Macareux, Islande**

Le perroquet de mer a une allure comique mais son quotidien n'a rien d'une blague. Il peut survoler la mer sur 50 km pour rapporter du poisson à sa famille.

03 / **Condor des Andes, Pérou**

Les courants ascendants du profond canyon de Colca font le bonheur des condors, dont l'envergure peut atteindre 3 m. Ces oiseaux se reproduisent lentement, et il n'en reste que 7 000 individus.

04 / **Grue du Japon, Japon**

À la fin de l'hiver, sur les neiges de Hokkaido, des couples de grues du Japon se livrent à d'envoûtantes parades nuptiales. Multipliant les pas et les figures, ces oiseaux élégants se réaffirment un engagement éternel.

05 / **Faucon pèlerin, Angleterre**

"Ancre mordant les nuages, arbalète lancée en l'air", écrivait de lui J. A. Baker dans *Le Pèlerin*. Aujourd'hui, le rapace le plus rapide du monde guette ses repas depuis les gratte-ciel de Londres.

06 / **Aigle royal, Mongolie**

Dans l'ouest du pays, les aigles dressés se posent sur les avant-bras des chasseurs kazakhs. Cavaliers et rapaces surveillent ainsi les montagnes de l'Altaï.

07 / **Étourneau, Italie**

À la nuit tombée, des nuées d'étourneaux survolent les édifices de Rome en enchaînant les courbes et les piqués. Les meilleurs mois pour assister à un tel ballet dans la Ville éternelle sont décembre et janvier.

08 / **Grand-duc de Virginie, États-Unis**

Si le regard pouvait tuer, le grand-duc serait le rapace le plus mortel du continent. On le trouve dans la majeure partie des États-Unis, notamment dans des espaces sauvages tel le parc national de Yellowstone.

09 / **Takahé du Sud, Nouvelle-Zélande**

On croyait disparu le plus gros oiseau non volant du pays, jusqu'à ce qu'il soit redécouvert en 1948 dans le Fiordland, sur l'île du Sud. Il n'en reste que 500, mais de nombreux poussins ont éclos en 2023.

10 / **Grand tétras, Écosse**

Ce grincement que vous entendez dans une forêt de pins écossaise pourrait bien être le chant nuptial d'un grand tétras, le plus gros des gallinacés. Commencez votre quête dans le parc national des Cairngorms.

4

FABULEUX MARCHÉS

LES 10 PLUS BEAUX

Fréquenter les marchés est une bonne façon d'apprendre à connaître un lieu et ses habitants. Levez-vous tôt pour découvrir les coutumes et les spécialités locales, culinaires et artisanales.

01 / Marché flottant de Tha Kha, Bangkok, Thaïlande

S'il n'est peut-être pas le plus connu, ce marché est pourtant très apprécié de la population locale. Cuisine maison et produits du jardin sont vendus depuis des barques traditionnelles. À visiter tôt le matin ou quand la nuit tombe et que les lucioles illuminent les arbres.

02 / Atwater, Montréal, Canada

Sur ce marché occupant un édifice en brique qui date de 1933, situé près du canal de Lachine, on trouve des produits frais des fermes locales, d'excellents vins, du pain croustillant... Autant de gourmandises à déguster lors d'un pique-nique au bord de l'eau.

03 / Pike Place, Seattle, États-Unis

Si vous n'avez jamais vu les poissons voler, venez voir les vendeurs qui se lancent les saumons par-dessus les étals dans cette institution de Seattle. Outre les produits de la mer, il y a quantité de spécialités à goûter, des *momos* (raviolis népalais) aux beignets.

04 / Queens Night Market, New York, États-Unis

Laissez-vous guider par l'odeur alléchante du marché nocturne du Queens, qui se tient du printemps à l'automne. Ce haut lieu de l'innovation culinaire est fréquenté par de jeunes cuisiniers qui se font la main, et leurs spécialités variées sont vendues à des prix défiant toute concurrence.

05 / Les Lices, Rennes, France

Le deuxième marché de France par la taille a lieu tous les samedis. C'est depuis quatre cents ans le rendez-vous des meilleurs produits de Bretagne, vendus aujourd'hui sur des étals couverts et en plein air, ainsi que dans des food trucks.

06 / Neighbourgoods Market, Le Cap, Afrique du Sud

Le week-end, habitants et visiteurs se rassemblent pour savourer les produits frais de la région, les huîtres, le vin, le café, mais aussi des plats du monde entier préparés à base de produits locaux. Les tables communes insufflent au lieu une belle convivialité.

07 / Nishiki Ichiba, Kyoto, Japon

Le marché de Nishiki est une mine pour quiconque s'intéresse à la cuisine. Les chefs des plus grands restaurants se ravitaillent sur ce marché surnommé la "cuisine de Kyoto", tandis que les touristes regardent d'un œil curieux les spécialités traditionnelles de la ville.

08 / Farm Gate, Hobart, Tasmanie

Le dimanche matin est le moment du Farm Gate Market (surnommé Farmy), où abondent les denrées des producteurs des environs : fruits et légumes, pâtisseries, eaux-de-vie... Commencez par un solide petit-déjeuner aux food trucks du Farmy's Grub Hub.

09 / San Pedro, Cuzco, Pérou

Dans ce marché très animé au bâtiment conçu par Gustave Eiffel, on trouve de tout – des fruits frais et des smoothies, des côtes de bœuf et du poisson de rivière. Un bonheur pour tous les sens, même si ce sont surtout les arômes qui envoûtent.

10 / Khari Baoli, Vieux Delhi, Inde

Ce vénérable labyrinthe coloré semble figé dans le temps. Les arômes piquants titillent la gorge. Le regard ne sait où se poser : monceaux de lentilles et de riz, jarres de chutneys, de fruits secs et de thé. Vos vêtements retiendront ces parfums pendant plusieurs jours !

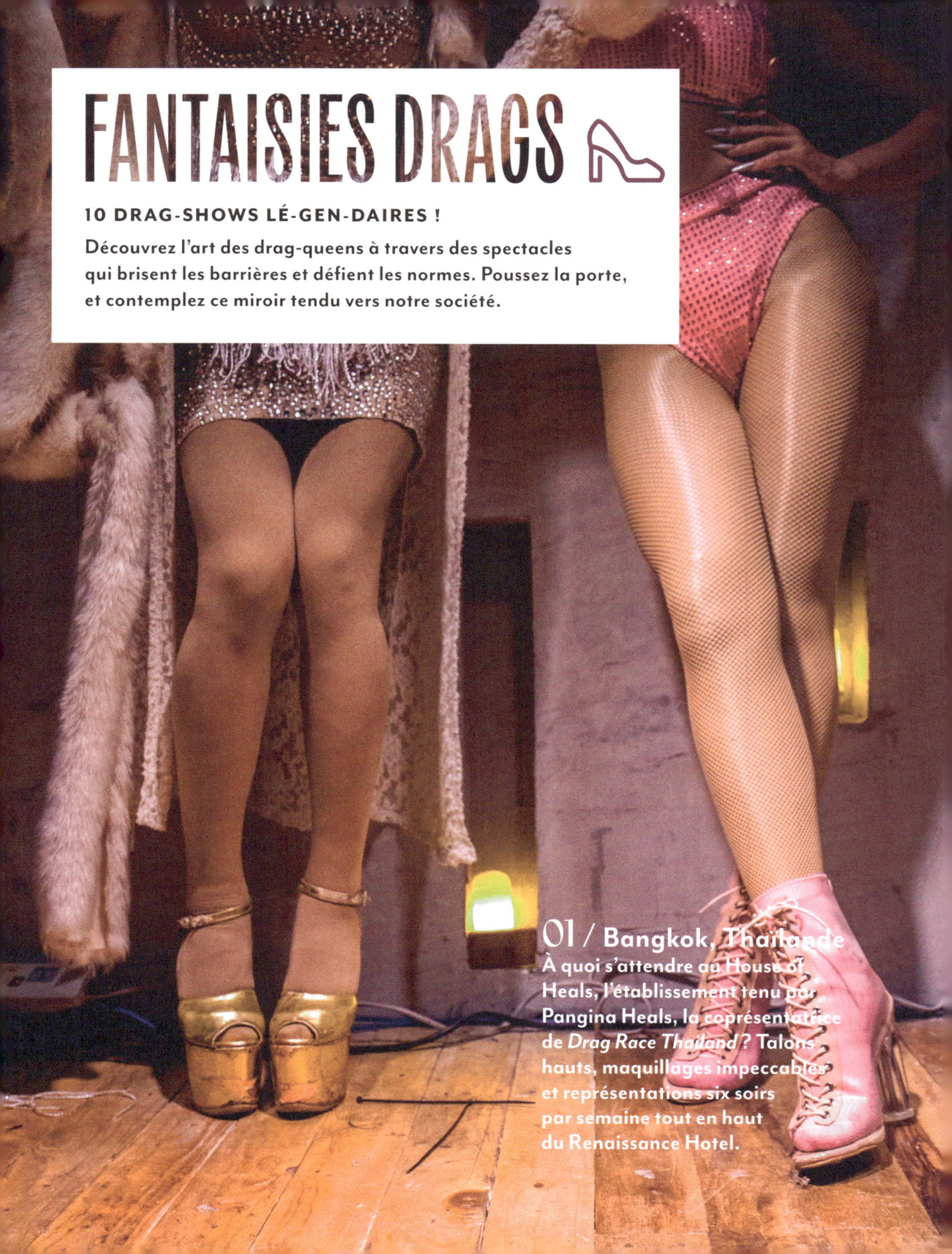

FANTAISIES DRAGS

10 DRAG-SHOWS LÉ-GEN-DAIRES !

Découvrez l'art des drag-queens à travers des spectacles qui brisent les barrières et défient les normes. Poussez la porte, et contemplez ce miroir tendu vers notre société.

01 / Bangkok, Thaïlande

À quoi s'attendre au House of Heals, l'établissement tenu par Pangina Heals, la coprésentatrice de *Drag Race Thailand* ? Talons hauts, maquillages impeccables et représentations six soirs par semaine tout en haut du Renaissance Hotel.

02 / Paris, France

Les magiciennes parisiennes du genre se retrouvent le dimanche soir (sauf l'été) au Who's, dans le Marais, pour *Drag Me Up*, un concours aussi féroce que festif, animé par Cookie Kunty.

03 / Berlin, Allemagne

La scène queer berlinoise, exubérante et non conformiste, ne manque pas de vitalité. Le point culminant est atteint en novembre avec Mx. Kotti, version transgressive des concours de beauté.

04 / Londres, Royaume-Uni

Les drag-shows survitaminés électrisent la scène nocturne londonienne, mais la température monte d'un cran en été lors du grand concours Lipsync1000 ; des artistes montants révèlent leurs talents lors de la finale qui se déroule au Clapham Grand.

05 / Provincetown, États-Unis

Chaque été, des drag-queens de la vieille école débarquent à Provincetown avec leurs spectacles de cabaret. Située à la pointe de la péninsule du cap Cod, la ville est réputée pour son ambiance gay-friendly. Ne manquez pas la chanteuse Dina Martina, appréciée pour ses représentations excentriques.

06 / New York, États-Unis

Pendant deux jours en septembre, le festival Bushwig voit se succéder les performances dans un ancien entrepôt industriel. L'ambiance est plus “princesse punk rock” que “reine du bal de fin d'année”.

5

7

07 / Sydney, Australie

Fin février, des drag-queens venues de toute l'Australie se rassemblent pour le défilé du Gay & Lesbian Mardi Gras. La partie ouest d'Oxford Street, épicentre LGTBQI+ du quartier de Darlinghurst, est fébrile.

08 / Puerto Vallarta, Mexique

“PV”, c'est la riviera LGBTQI+ du Mexique, un havre tropical prisé des drag-queens en hiver, qui incarnent des divas au Palm Cabaret et improvisent avec le public.

09 / Chicago, États-Unis

Remporter la couronne de Miss Continental lors de l'impitoyable concours de beauté du Labour Day (premier lundi de septembre), c'est entrer au panthéon des drag-queens.

10 / Barcelone, Espagne

Faites la tournée des meilleurs bars et autres lieux LGBTQI+ de Barcelone à l'occasion du Ravalada Drag Tour, qui se tient en moyenne deux fois par mois – un kaléidoscope catalan de magiciennes du genre.

PARCS MÉCONNUS

LES 10 PARCS NATIONAUX LES PLUS MÉSESTIMÉS

Les parcs nationaux les plus célèbres sont souvent chers, très fréquentés et imposent une longue attente à l'entrée. Qu'importe, il en existe des milliers d'autres à travers le monde, et certains, malgré la beauté de leurs paysages, sont quasi déserts.

01 / Parc national de Canyonlands, Utah, États-Unis

La randonnée prend une autre dimension dans ce parc aux reliefs spectaculaires. Le Slickrock Trail offre des points de vue panoramiques sur un paysage époustouflant composé de formations rocheuses irréelles.

02 / **Parc national des Voyageurs, Minnesota, États-Unis**

Ce parc, recouvert à 40% d'étendues d'eau douce, est un paradis pour les amateurs de canoë et de camping. Grâce à l'absence de pollution lumineuse, le ciel nocturne est éblouissant.

03 / **Parc national des Lacs Waterton, Alberta, Canada**

Ce parc se situe dans une belle région de montagnes escarpées, couvertes de fleurs au printemps. Après une randonnée dans le Red Rock Canyon qui vous aura mené jusqu'à deux cascades, offrez-vous un thé et des scones au fabuleux hôtel Prince of Wales.

04 / **Parc national de Nuuksio, Espoo, Finlande**

Accessible sur la journée depuis Helsinki, le parc de Nuuksio garantit une immersion dans la nature finlandaise, riche d'une faune abondante. En hiver, on peut sillonner en ski de fond des vallées glaciaires couvertes de forêts.

05 / **Parc national de Brecon Beacons / Bannau Brycheiniog, Powys, Royaume-Uni**

Ces espaces gallois d'une beauté rude sont propices à la flânerie mélancolique. Le Beacons Way Trail, long de 159 km, se parcourt idéalement en huit jours ; il permet de voir les plus hauts sommets et les superbes landes du parc.

06 / **Parc national d'Ordesa et du Mont-Perdu, Huesca, Espagne**

Ce parc se situe dans une des régions les plus spectaculaires des Pyrénées. La plupart des randonnées sont exigeantes ; celle de la Faja de Pelay est particulièrement splendide.

07 / **Sanctuaire faunique du Bassin Cockscomb, Stann Creek District, Belize**

Ce parc naturel est le royaume des jaguars, qui s'y meuvent en toute liberté. Vous aurez peut-être la chance d'en apercevoir un si vous participez à une randonnée nocturne en compagnie d'un guide, bercé par le concert des bruits de la jungle.

08 / **Parc national de Ranthambore, Rajasthan, Inde**

En plus d'être le meilleur endroit du Rajasthan pour observer des tigres en liberté, ce parc abrite des lacs peuplés de crocodiles et des temples anciens. Réservez deux ou trois safaris d'observation dans la jungle pour avoir toutes les chances de voir les félins.

09 / **Parc national de Tsavo West, Coast Province, Kenya**

Des marécages aux volcans, ce parc recouvre une grande variété de paysages sauvages. Dans la Rhino Valley, vous croiserez sans doute des lions, des éléphants, des girafes et peut-être un rhinocéros noir.

10 / **Parc national de Great Sandy, Queensland, Australie**

Paré pour l'aventure à travers les étendues de sable ? Remontez en 4×4 toute la plage de Noosa North Shore jusqu'à Double Island Point, à travers de superbes paysages.

SAVEURS LOCALES

10 SPÉCIALITÉS INCONTOURNABLES

Les découvertes culinaires font incontestablement partie du voyage. Les dix plats de ces pages donnent envie d'aller les déguster dans leur région d'origine.

01 / Bibimbap, Corée du Sud

Ce plat incontournable de la cuisine coréenne, servi dans un bol en pierre chaud, comprend des légumes, de l'œuf et parfois de la viande sur un fond de riz croustillant. On y ajoute du *gochujang* (pâte de piment rouge) avant de mélanger l'ensemble, pour mieux apprécier la rencontre des saveurs et des textures.

02 / Cozido das Furnas, Açores, Portugal

Ce pot-au-feu unique en son genre se trouve uniquement dans la région de Furnas, sur l'île de São Miguel. Il cuit pendant cinq à sept heures directement dans le sol volcanique, si bien que les légumes et la viande prennent un petit goût fumé et sulfureux.

03 / Jerk, Jamaïque

Le *jerk* est un mélange d'épices typique de la Jamaïque, dont on assaisonne les viandes et les poissons avant de les fumer lentement en plein air sur un feu de bois de piment de la Jamaïque. Le piment Scotch bonnet chauffe la bouche, tandis que le piment de la Jamaïque ajoute au relief de l'ensemble. Un assaisonnement incontournable !

04 / Asado, Argentine

L'Argentine est réputée pour sa viande de bœuf et son art de la préparer. La viande, préalablement salée, grille lentement, tandis que des gouttières évacuent la graisse et qu'un système permet de régler la hauteur afin d'ajuster avec précision la quantité de chaleur.

05 / Riz wolof, Afrique de l'Ouest

Les origines de ce plat éminemment festif à base de riz sont sujettes à débat. Que vous le goûtiez au Nigeria, au Sénégal, en Gambie ou au Ghana, attendez-vous à retrouver les mêmes ingrédients fondamentaux : tomates, piment, oignons et herbes aromatiques.

06 / Phô, Vietnam

Cette soupe de nouilles roborative est indissociable de la culture vietnamienne. À déguster sans modération, que ce soit dans une rue de Hanoï ou au Anan Saigon, restaurant d'Hô Chi Minh-Ville étoilé au guide Michelin.

07 / Biryani, Inde

Hyderabad est généralement considérée comme la capitale du biryani, ce plat de riz parfumé servi dans les restaurants indiens du monde entier. On en trouve toutefois des variantes intéressantes dans d'autres régions du pays. La version assamaise, plus fournie en légumes, ou celle du Kerala, à base de crevettes, de bœuf ou de poisson, présentent des saveurs plus subtiles et plus complexes que leurs homologues.

6

08 / Hoppers, Sri Lanka

Préparés à partir d'une pâte fermentée à base de farine de riz et de lait de coco, les *hoppers* – aussi appelés *appa* ou *appam* – sont de petites crêpes en forme de bol, aux rebords croustillants mais moelleuses au centre. Le *hopper* de base est servi avec un mélange de sel et de piment nommé *lunu miris*.

09 / Momos, Népal

Ces délicieux raviolis sont omniprésents dans les rues de Katmandou et de toutes les villes népalaises. Ils se consomment frits ou cuits à la vapeur, fourrés d'une garniture sucrée ou salée – pomme, chocolat, légume, poisson ou viande de buffle.

10 / Lamington, Australie

Si l'Australie et la Nouvelle-Zélande se disputent la paternité de la pavlova, l'Australie est sans conteste la patrie du *lamington*, génoise glacée au chocolat et poudrée de noix de coco râpée. Simple, mais si bon !

ARBRES MAGIQUES

10 CHOIX DE VOYAGE AUTOUR D'UN ARBRE

Chacune des destinations de ces pages est indissociable d'une essence d'arbre. Grands et majestueux ou fleuris et parfumés, ces arbres bien reconnaissables sont une porte d'accès originale à un pays et à sa nature.

01 / Ginkgo, Chine

Cela fait des milliers d'années que les graines de *Ginkgo biloba* sont prescrites en médecine chinoise. Admirez le ginkgo doré de Xi'an, qui date de la dynastie Tang (VIIe-Xe siècles).

02 / Eucalyptus, Australie

L'écorce des gigantesques *Eucalyptus regnans* tombe en lambeaux, l'air se remplit des cris rauques des cacatoès, et vous devez vous frayer un chemin parmi des fougères géantes – bienvenue au Yarra Ranges National Park, dans l'État de Victoria.

03 / Kauri, Nouvelle-Zélande

Cet arbre imposant ne pousse qu'à la pointe nord-ouest de l'île du Nord. Il joue un rôle essentiel dans la mythologie maori de la création. Sollicitez une audience auprès d'un vénérable de la Waipoua Forest.

04 / Chêne, Royaume-Uni

Robin des Bois se cachait parmi eux, le roi Charles II se dissimula dans l'un d'eux en 1651, et ils donnent leur nom (*oak*) à quelque 400 pubs britanniques. Suivez Robin dans la forêt de Sherwood (Nottinghamshire).

05 / Olivier, Grèce

Certains oliviers grecs datent de l'époque d'Alexandre le Grand, il y a plus de 2 300 ans. Les plus anciens et les plus biscornus se trouvent dans des villages de Crète.

06 / Séquoia à feuilles d'if, États-Unis

Prenez une grande inspiration et sentez votre rythme cardiaque s'apaiser au milieu des séquoias (*redwood*) de la côte nord de la Californie. Ces géants sont protégés au sein du parc national de Redwood.

07 / Amandier, Espagne

Les amandiers prospèrent sur les contreforts de la serra de Tramuntana, sur l'île de Majorque. En janvier-février, leur floraison est un floconnement de pétales blancs.

08 / Cerisier, Japon

La floraison des *sakuras* se déploie du sud au nord du pays en mars. Cet événement sonne l'heure du *hanami*, la pratique d'observer les fleurs. Rien de tel que de profiter de cette beauté rose autour d'un pique-nique.

09 / Baobab, Madagascar

La forme bulbeuse de ces arbres s'explique par la quantité d'eau qu'ils contiennent – les éléphants percent parfois leur écorce pour s'abreuver. Observez-les (sans les éléphants) sur l'allée des Baobabs.

10 / Cèdre, Liban

Symbole de force dans la Bible, le cèdre du Liban fut longtemps très recherché pour la menuiserie et la construction navale. La Vallée sainte (la Qadisha) et la forêt des Cèdres de Dieu sont désormais classées au patrimoine mondial de l'Unesco.

PLAGES DE RÊVE

LES 10 PLUS BELLES

Quel crève-cœur de réduire cette sélection à dix sites seulement ! Mais nous avons fait de notre mieux. Voici donc les grandes gagnantes, ces petits coins de paradis qui offrent leur supplément de magie.

01 / Whitehaven Beach, Queensland, Australie

L'eau bleu-vert et les bancs de sable blanc dessinent à l'extrémité nord de Whitehaven Beach des ondulations fascinantes. La température moyenne de l'eau est de 26°C toute l'année : aucune excuse pour ne pas se mouiller !

02 / **Squeaky Beach, Victoria, Australie**

Ce coin de nature protégé, bordé par le plus vaste parc national marin du Victoria, est un des sites remarquables du parc de Wilsons Promontory. La "plage grinçante" doit son nom au bruit aigu produit par son sable de quartz sous les pas. Côté baignade, bassin naturel discret ou eau cristalline de l'océan ?

03 / **Anse Source d'Argent, La Digue, Seychelles**

Un site à la hauteur de sa réputation. Son sable blanc étincelant, bordé par une mer turquoise peu profonde, est adossé à de beaux rochers en granit joliment éparpillés jusqu'à l'eau. Le paradis sur Terre.

04 / **Sunset Beach, Trang, Thaïlande**

Formations rocheuses, mer émeraude et collines tapissées de jungle entourent cette plage des îles Trang, au large de la côte ouest du pays. On s'y rend par une courte marche ou en *long-tail boat* pour admirer le coucher du soleil qui lui a donné son nom.

05 / **Sarakiniko, Milos, Grèce**

Pas de sable ici, mais un paysage volcanique étonnant offrant un contraste saisissant avec les teintes bleu-vert de la mer Égée. Des arches de pierre, des falaises en albâtre, des tunnels miniers désaffectés et des grottes à peine éclairées.

06 / **Haukland, îles Lofoten, Norvège**

Parmi les milliers de plages que compte le pays, Haukland se distingue par sa beauté incomparable. D'octobre à mars, les aurores boréales se reflétant sur le sable blanc comme neige forment un spectacle magique. En été, elle baigne dans l'atmosphère irréelle du soleil de minuit.

07 / **Playa Balandra, Basse-Californie du Sud, Mexique**

Cette belle crique, aux eaux turquoise et peu profondes, est idéale pour les enfants. On peut y louer des kayaks et des paddles, patauger dans les flaques de marée, randonner jusqu'à une crique voisine et admirer les formations rocheuses de l'île Espíritu Santo.

08 / **Pfeiffer Beach, Californie, États-Unis**

Fin décembre, les rayons du soleil couchant passent par l'ouverture de Keyhole Arch ("l'arche du trou de serrure") pour éclairer une tranche de Pfeiffer Beach de leur lumière dorée. Après une pluie d'orage, la plage prend parfois une teinte violette à cause du grenat de manganèse qui s'effrite des falaises.

09 / **Hanalei Bay, Hawaï, États-Unis**

Est-ce le seuil du paradis ? Ce croissant de sable doré de 3,2 km se dessine au nord de Kauai, l'île la plus septentrionale de l'archipel hawaïen.

10 / **Ses Illetes, Formentera, Espagne**

Une mer bleue digne des Caraïbes, un parfum insouciant de Méditerranée : l'île préservée et décontractée de Formentera est un petit paradis dont cette plage incarne toute la magie.

A

B

C

D

E

F

G

H

I

J

K

L

M

Traduit et adapté de l'ouvrage
Lonely Planet's Best in Travel 2025, October 2024

Dépôt légal Octobre 2024
ISBN 9782384925391
Imprimé par EGEDSA, Espagne
1re impression

Couverture
Photos de première de couverture
© Justin Foulkes/Lonely Planet ; Roberto Lo Savio/Shutterstock ; Maya Karkalicheva/Getty Images ; Jacob Kupferman/ Getty Images ; Nikita Melnichenko/Alamy Stock Photo.
Photos de quatrième de couverture
© chanchai duangdoosan/Shutterstock ; Sophie Dover/iStock ; Stefano Politi Markovina/Shutterstock.

Édition en langue anglaise
Directeur éditorial Piers Pickard
Directrice éditoriale adjointe Becca Hunt
Coordination éditoriale Robin Barton
Édition Clifton Wilkinson, Polly Thomas
Maquette Cat Grishaver, Emily Dubin
Cartes Daniela Machova
Fabrication Nigel Longuet

Édition française
Directeur éditorial Dominique Bovet
Responsable prépresse Jean-Noël Doan
Traduction Frédérique Hélion-Guerrini, Jeanne Robert, Pauline Tardieu-Collinet
Adaptation française Laurent Courcoul
Maquette Valérie Police / L'imagerie
Cartes adaptées en français par Eduardo Yanes Blanch
Couverture Adaptée par Laure Wilmot
Fabrication Emmanuelle Laine

Merci à Christophe François pour sa relecture attentive, à Stéphanie Rian, indéfectible vigie, et à toute l'équipe du bureau de Paris. Enfin, merci à Luan Angel, Emma Davies, Kim Else et Nigel Longuet à Londres et à Jean-Pierre Masclef à Melbourne.

Rédaction
Andrew Bain (Launceston et la Tamar Valley), Joel Balsam (Slovaquie), Jonny Bierman (Fidji), Margot Bigg (Puducherry), Joe Bindloss (Est-Anglie), Laurence Blair (Paraguay), Nitya Chambers (Pittsburgh), Tenille Clarke (Trinité-et-Tobago), Virginia DiGaetano (Gênes), Marc Di Duca (Bavière), Ismet Ersoy (Gireson et Ordu), Brekke Fletcher (Sur le bon tempo ; Saveurs locales ; Fabuleux marchés ; Prendre le temps), John Garry (Fantaisies drags), Lucie Grace (Osaka), Tom Hall (Introduction ; Sur les rails), Anthony Ham (Cameroun), Anita Isalska (Slovaquie), Diego Jimeno (Chiriquí), Shafik Meghji (Teraï), Isabella Noble (Palma), Becky Ohlsen (Mont Hood et gorges de la Columbia), Ashley Parsons (Kazakhstan), Sarah Reid (Vanuatu), Brendan Sainsbury (Curitiba ; Edmonton), Regis St. Louis (Côte de Caroline du Sud et de Géorgie), Maria Stayanova (Bansko), Oliver Smith (Jordan Trail), Aydan Stuart (Chiang Mai ; Thaïlande), Nicola Williams (Lituanie ; Toulouse ; Valais)

Données cartographiques
© Lonely Planet
© OpenStreetMap contributors
© Natural Earth
NASA/METI/AIST/Japan Spacesystems, and US/Japan ASTER Science Team (2019). ASTER Global Digital Elevation Model V003.
data.humdata.org/dataset/cod-ab-jpn
fastestknowntime.com/route/jordan-trail-jordan
listdata.thelist.tas.gov.au/opendata/index.html
www.geoportal.sk/en/zbgis/download/

CONTACTEZ-NOUS : lonelyplanet@edi8.fr - 92 avenue de France - 75013 Paris

En Voyage Éditions | un département édi8

Pour plus d'information :
#lisez! engagé
www.lisez.com
Imprimé sur du papier issu de forêts gérées durablement.